Die tiefste Sehnsucht

Auf dem Weg zum wahren
Wesen des Menschen

Holger Niederhausen

Die tiefste Sehnsucht

*Auf dem Weg zum wahren
Wesen des Menschen*

Das Menschenwesen hat eine tiefe Sehnsucht nach dem Schönen, Wahren und Guten. Diese kann von vielem anderen verschüttet worden sein, aber sie ist da. Und seine andere Sehnsucht ist, auch die eigene Seele zu einer Trägerin dessen zu entwickeln, wonach sich das Menschenwesen so sehnt.

Diese zweifache Sehnsucht wollen meine Bücher berühren, wieder bewusst machen, und dazu beitragen, dass sie stark und lebendig werden kann. Was die Seele empfindet und wirklich erstrebt, das ist ihr Wesen. Der Mensch kann ihr Wesen in etwas unendlich Schönes verwandeln, wenn er beginnt, seiner tiefsten Sehnsucht wahrhaftig zu folgen...

1. Auflage September 2015

© Holger Niederhausen · Alle Rechte vorbehalten
Herstellung und Verlag:
BoD – Books on Demand, Norderstedt
ISBN 978-3-7386-4888-1

„Wenn ich mit Menschen- und mit Engelzungen redete, und hätte der Liebe nicht, so wäre ich ein tönend Erz oder eine klingende Schelle. Und wenn ich weissagen könnte und wüsste alle Geheimnisse und alle Erkenntnis und hätte allen Glauben, also dass ich Berge versetzte, und hätte der Liebe nicht, so wäre ich nichts."
1. Korintherbrief 13, 1-2.

Mit diesem Buch geht es um das Wesen des Menschen. Jeder Einzelne von uns steht innerlich und äußerlich an einem anderen Ort – und doch lebt tief innerlich in jedem Menschen eine Sehnsucht, die allen Menschen gemeinsam ist.

Was ist Ihre tiefste Sehnsucht? Fühlen Sie einmal tief in sich hinein... Wenn Sie dies tun, werden Sie vieles finden, was Ihnen wesentlich ist. Und je ernsthafter und wahrhaftiger Sie dieser Frage nachgehen, werden Sie immer mehr fühlen, was Ihnen am wichtigsten ist, was Ihre tiefste Sehnsucht ist. Hören Sie nicht zu früh auf, nach einer Antwort zu suchen. Versuchen Sie einmal, eine ganze Zeit mit dieser Frage zu *leben*, vielleicht einige Tage, vielleicht sogar Wochen. Fragen Sie sich so aufrichtig wie möglich, was Ihre allertiefste Sehnsucht ist, womit sie zusammenhängt, auf was sie sich richtet...

Vielleicht sind Sie ein vielbeschäftigter Familienvater, der einen anstrengenden Beruf und zwei liebe oder weniger liebe Kinder hat; vielleicht sind Sie eine Frau, die beruflich oder als Mutter – oder beides – mitten im Leben steht. Vielleicht sind Sie auch in einer ganz anderen Situation – vielleicht sind Sie Studentin, Rentner, Hausfrau, alleinlebend, Millionärin, Nachtwächter. Was auch immer Ihre eigene Lebenssituation ist – Sie werden sich in das, wovon ich schreibe, hineinversetzen können. Sie können fühlen, was – in ähnlicher oder ganz anderer Form – auch für Sie Bedeutung hat; können Anteil nehmen an dem, was ich sage; können empfinden, worum es geht, und dem Weg der Gedanken folgen, der weiter in die Tiefe führen wird...

Dass Sie innerlich Anteil nehmen und innerlich aktiv – auch im Fühlen aktiv – mitlesen, ist wichtig, denn sonst wird jedes Buch der Welt nur zu einem bloß intellektuell verfolgten Text, der mit Ihnen selbst kaum mehr zu tun hat. Dann aber können Sie auch aus diesem Buch nichts Tieferes entnehmen, es wird in Ihnen nichts verändern, *Sie* werden sich nicht verändern. – Alles jedoch, woran man wahrhaft Anteil nimmt, verändert auch einen selbst. Wenn man sich auf dieses Abenteuer einlässt, wird man staunend entdecken können, welche innere Entwicklung uns Menschen möglich ist und auf welchen Wegen wir das Wesen des Menschen immer mehr finden...

Vielleicht also sind Sie ein vielbeschäftigter Familienvater... (Und wenn Sie es nicht sind: versetzen Sie sich hinein, nehmen Sie auch an *dieser* Situation Anteil; Sie werden sehr bald merken, was dadurch geschieht, wie regsam und lebendig das innere Erleben dadurch wird). Vielleicht haben Sie zwei Kinder und lieben sie, lieben auch Ihre Frau, auch Ihren Beruf. Vielleicht haben Sie nette Kollegen und Kolleginnen. Vielleicht aber ist auch nicht alles so schön – vielleicht haben Sie auch Ärger mit den Kindern, Streit mit der Frau, Schwierigkeiten im Beruf, eine kranke Mutter...

Je zufriedenstellender im Großen und Ganzen alles ist und geht, desto weniger Fragen stellen sich zunächst. Das Leben ist schön, erfolgreich; man hat alles, was man braucht, oder ist zumindest auf dem Wege dorthin. Man hat seine Überzeugungen, seine Lebensanschauung(en), es ist eigentlich größtenteils alles in Ordnung. Was noch?

Aber auch, wenn man viele Sorgen und manches Leid hat, kann es sein, dass man dem Leben zwar Vorwürfe macht, sich vielleicht auf der „Schattenseite des Lebens" fühlt, aber trotz allem keine tieferen Fragen stellt. Man kann sich dann sehr leicht sagen: Ja, es gibt Menschen, die haben Zeit und Ruhe für solche „Luxus-Fragen". Hätte ich ein paar Sorgen weniger, hätte ich diese Zeit und Ruhe auch... Nun aber muss ich sehen, wie ich überhaupt zurecht komme. In meinem Leben ist größtenteils eigentlich *nichts* in Ordnung – und was soll ich denn *noch*?

Hier haben wir zwei Extreme. Im zweiten Fall, da, wo der Mensch dem Leid und den Sorgen begegnet, ist man sich oft ein wenig mehr bewusst, dass es auch tiefere Fragen gibt, als sie sich der Mensch gewöhnlich stellt. Und dennoch wird auch hier oft vor diesen tieferen Fragen ... ausgewichen.

Man blickt also auf das Leben – es ist positiv oder negativ –, und man fragt sich: Was noch? Ist nicht alles, wie es ist, schön – oder schlimm – genug? Worum soll es denn *noch* gehen...?

*

Auf diese Frage: „was noch?", „geht es denn um noch mehr?", muss jeder Mensch selbst die Antwort finden. Wenn er sich selbst sagt: „Um mehr geht es nicht", dann kann ihn niemand umstimmen – es sei denn, er *lässt* sich irgendwann umstimmen, von anderen Menschen oder vom Leben selbst.

Je mehr man auf sich selbst konzentriert ist, nur auf sein eigenes Leben und den engen Umkreis, den man zu seinem eigenen Leben zählt – Frau/Mann, Kinder, Eltern, Freunde –, desto weniger und desto schwerer wird man zu dem Erleben kommen, dass es doch um „mehr" gehen könnte; dass das Menschsein noch etwas ganz anderes bedeuten könnte, als nur diesen sehr kleinen, eigenen Kreis von Glück zu haben – eines Glücks, das überdies sehr gefährdet ist, oft überhaupt nicht vorhanden ist, obwohl es durch Werbung, Filme und andere Medien immer wieder als verbreitetes Standardbild, sozusagen als „Mehrheits-Wirklichkeit" verbreitet wird.

Andererseits ist wohl auch niemand so hartherzig, dass er sich nicht schon einmal Gedanken über arme Waisenkinder, verhungernde Menschen, gequälte Tiere oder andere Not gemacht hätte, die über seinen persönlichen Umkreis hinausgeht. Und wieder kann man die Frage stellen: Geht es denn um noch mehr?

Jede Antwort auf diese Frage kann für einen selbst nur dann Gewicht und Bedeutung haben, wenn man sie selbst erlebt. Aber die Frage ist: Was geschieht eigentlich, wenn die Gedanken und

Gefühle über den eigenen kleinen Umkreis hinausgehen – wenn sie *weit* werden? Was geschieht dann mit dem Menschen?

*

Der Mensch mit einem zunächst kleinen, persönlichen Umkreis weiß nicht, was dann geschieht – und zugleich weiß er es tief innerlich doch. Denn je weiter, je tiefer und umfassender unsere Gedanken und unsere Gefühle werden, desto weiter, tiefer und umfassender wird auch unser ganzes Menschsein, unser *Menschentum*.

Was der Mensch sein kann, in Wirklichkeit, das ahnen wir in seltenen, besonderen Stunden... Und es lebt in uns auch eine große Sehnsucht nach diesem wahreren, weiteren Menschentum. Basiert nicht ein großer Teil der Literatur und Filmwelt auf der Idee, dass sich die Gefühle, die Gedanken, die Willensimpulse eines Menschen vertiefen können, dass sie lichtvoll und edel sein können?

Was ist die innerste Sehnsucht des erfolgreichen Geschäftsmannes? Sehnt er sich nach einer Ehefrau aus gutem Hause, die seinen eigenen Rang und Erfolg gebührend repräsentiert, eine tüchtige Gemahlin mit gehobenem Geschmack und gehobenem Anspruch, gleichsam „nach seinem Bilde"? Oder sehnt nicht selbst er sich im Innersten vielmehr nach der buchstäblich märchenhaften Jungfrau, deren äußere Schönheit nur das wahre Bild ihrer inneren Schönheit ist, weil ihr ganzes *Wesen* anmutig und unschuldig, rein und voller Hingabe, aber auch mutig und wahrhaftig ist...?

Und die Frauen? Sehnen sie sich nach äußerlich erfolgreichen Männern, die mit dem richtigen Job richtig viel Geld verdienen, um ihnen alles bieten zu können? Oder auch einem Mann, der ihren eigenen Karriereplänen Verständnis entgegenbringt? Oder sehnen Sie sich im Innersten nicht oft genug nach einem buchstäblich märchenhaften Ritter, dessen äußere Schönheit ein Wahrbild seiner inneren Schönheit ist, weil er in seinem ganzen *Wesen* ritterlich, mutig, aufrichtig und gerecht ist?

Wenn wir aber die Realität einer solchen oder ähnlichen Sehnsucht erleben, das heißt, uns klarmachen, dass solche Sehnsucht in unserem Innersten lebt, dann können wir doch auch erkennen, dass in solchen Vorstellungen etwas von demjenigen sichtbar wird, was für unser Innerstes wahres Menschentum bedeutet. Denn würden wir solche Sehnsucht haben und uns in Menschen verlieben, die dieser Sehnsucht nahekommen, wenn sich darin nicht gerade *dies* spiegeln würde: das wahre Geheimnis des Menschen? Tief innerlich wissen wir also um dieses Geheimnis – und sehnen uns danach.

*

Versuchen Sie einmal, das folgende innere Erleben so intensiv wie möglich mitzuvollziehen – so, als wenn es Ihr eigenes wäre. Es ist das Erleben einer Frau, die schon drei Jahre unschuldig im Gefängnis verbracht hat, während der Zeit des Ersten Weltkrieges:

> Ach, Sonitschka, ich habe hier einen scharfen Schmerz erlebt; auf dem Hof, wo ich spaziere, kommen oft Wagen vom Militär, voll bepackt mit Säcken oder alten Soldatenröcken und Hemden, oft mit Blutflecken ..., die werden hier abgeladen, in die Zellen verteilt, geflickt, dann wieder aufgeladen und ans Militär abgeliefert. Neulich kam so ein Wagen, bespannt, statt mit Pferden mit Büffeln. Ich sah die Tiere zum erstenmal in der Nähe. Sie sind kräftiger und breiter gebaut als unsere Rinder, mit flachen Köpfen und flach abgebogenen Hörnern, die Schädel also unseren Schafen ähnlicher, ganz schwarz mit großen sanften Augen. Sie stammen aus Rumänien, sind Kriegstrophäen ... [...]
> Vor einigen Tagen kam also ein Wagen mit Säcken hereingefahren, die Last war so hoch aufgetürmt, daß die Büffel nicht über die Schwelle bei der Toreinfahrt konnten. Der begleitende Soldat, ein brutaler Kerl, fing an, derart auf die Tiere mit dem dicken Ende des Peitschenstieles loszuschlagen, daß die Aufseherin ihn empört zur Rede stellte, ob er denn kein Mitleid mit den Tieren hätte! „Mit uns Menschen hat auch niemand Mitleid!" antwortete er mit bösem Lächeln und hieb noch kräftiger ein ... Die Tiere zogen schließlich an und kamen über den Berg, aber eins blutete ... Sonitschka, die Büffelhaut ist sprichwörtlich an Dicke und Zähigkeit, und die war zerrissen.

Die Tiere standen dann beim Abladen ganz still erschöpft und eins, das, welches blutete, schaute dabei vor sich hin mit einem Ausdruck in dem schwarzen Gesicht und den sanften schwarzen Augen, wie ein verweintes Kind. Es war direkt der Ausdruck eines Kindes, das hart bestraft worden ist und nicht weiß, wofür, weshalb, nicht weiß, wie es der Qual und der rohen Gewalt entgehen soll ... ich stand davor und das Tier blickte mich an, mir rannen die Tränen herunter – es waren *seine* Tränen, man kann um den liebsten Bruder nicht schmerzlicher zucken, als ich in meiner Ohnmacht um dieses stille Leid zuckte. Wie weit, wie unerreichbar, verloren die freien, saftigen, grünen Weiden Rumäniens! Wie anders schien dort die Sonne, blies der Wind, wie anders waren die schönen Laute der Vögel oder das melodische Rufen der Hirten. Und hier diese fremde, schaurige Stadt, der dumpfe Stall, das ekelerregende muffige Heu mit faulem Stroh gemischt, die fremden, furchtbaren Menschen, und – die Schläge, das Blut, das aus der frischen Wunde rinnt ...

Wir haben nicht die lebendige Realität vor Augen, nur die Schilderung – aber anhand ihrer können wir versuchen, die Begegnung mit diesem einen Tier so lebendig wie möglich mitzuerleben.
Versuchen wir, zu erleben, dass dieses arme, gequälte Tier vor *uns* stünde! Vor *uns* steht dieser große, sanfte Büffel, dessen zähe, dicke Haut von den unglaublich brutalen Peitschenhieben zerrissen ist, und *unser* Blick wird von den großen, schwarzen Augen getroffen, aus denen heraus uns die ganze Unschuld und das ganze Leid dieses Tieres anblickt. Niemand der hilft, nur Qual; sanfte Augen eines gequälten Tieres, und sie blicken *uns* an...
Würden wir von diesem Leid so tief berührt werden, wären wir zu einem so tiefen *Mitleid* fähig, wie es Rosa Luxemburg war?

Vielleicht machen wir die Erfahrung, dass wir gerne so viel Mitleid aufbrächten, dass die Gefühle aber nur sehr blass und armselig bleiben. Mit anderen Worten: Wiederum tragen wir in uns eine tiefe Überzeugung und ein inneres Wissen von dem, was wahrhaft menschlich wäre – doch die reale Kraft des Mitleids können wir nur sehr, sehr unvollkommen aufbringen und entfalten.

Vielleicht fühlen wir aber auch überhaupt nichts und können uns nicht einmal vorstellen, warum wir uns wegen eines Büffels solche Gedanken und Gefühle machen sollten. Dann können wir uns eine ähnliche Szene vorstellen, in der nicht nur dieser Büffel, sondern auch eine unschuldige, junge Frau leiden muss... Wahrscheinlich würden wir dann doch unmittelbar den Wunsch spüren, einschreiten und helfen zu können. Was aber würden wir empfinden, wenn uns nun der Blick dieser jungen Frau träfe und sie *nicht für sich*, sondern für das gequälte Tier bitten würde? Würde uns dieser Blick, verbunden mit dieser Bitte nicht zutiefst berühren? Und würde in uns dann nicht eine Sehnsucht danach erwachen, dasjenige zu kennen, was im Herzen dieser jungen Frau lebt...?

Erst, wer wirkliches Mitleiden kennt, kennt die wirkliche Liebe, denn erst im Mitleiden kommt der Mensch wahrhaft über *sich* hinaus.

***

Aber „muss" der Mensch überhaupt über sich hinauskommen? Muss er überhaupt die wirkliche Liebe kennenlernen? Diese Frage ist falsch gestellt. Er muss nicht. Aber die Frage bleibt, ob es nicht immer seine tiefste Sehnsucht *ist*.

Selbstverständlich kann das eigene Weltbild, können auch die eigenen Lebensenttäuschungen dazu geführt haben, dass man seine innerste Sehnsucht aufgegeben hat. Dann ist auch das wahrste, wunderbarste Bild von sich selbst, was man einmal hatte oder zumindest geahnt hatte, etwas, was tief, tief verschüttet ist. Aber gilt das unwiederbringlich? *Nichts* ist unwiederbringlich, *alles* kann wieder befreit werden, wie tief die Schuttmassen auch seien. Es bedarf dazu zunächst nur eines: auf die Stimme aufmerksam zu werden, die tief innerlich noch immer leise erklingt, ganz leise, immer überhört, ebenso unschuldig wie das sanfte Auge des gequälten Tieres...

Vielleicht spüren Sie in sich nun Gedanken wie: „Die Welt richtet sich nun einmal nicht nach den Sehnsüchten eines Menschen." Oder: „Naive Gedanken eines weltfremden, romantischen Idealisten." Oder: „Jeder Versuch einer solchen Liebe geht in der Welt sofort zugrunde." Oder: „Meine Liebe ist groß genug." Oder:

„Meine Bemühungen sind mindestens so gut wie die der Anderen. Sollen die sich erst einmal anstrengen, so viel zu tun wie ich."

Das alles sind Gedanken, wie wir sie ebenfalls sehr, sehr gut kennen – entweder in uns selbst oder an Anderen. Es sind wohlbekannte Ausreden. Gedanken all dieser Art sind gleichsam das Negativ der übertönten Stimme unseres eigenen gequälten Innern. In ihnen allen steckt so viel Rechtfertigung und auch Enttäuschung bzw. Verletzung, dass es nur einen sehr kleinen Schritt braucht, um zu erkennen, dass *hinter* diesen Vorstellungen und Abwiegelungen verborgen sehr wohl die Sehnsucht nach dieser wahren Liebe lebt – und natürlich nach einer Welt, in der *diese* Liebe leben darf und die sogar ein Spiegel dieser Liebe werden darf...

Vielleicht erschrecken wir so sehr vor unserer eigenen Sehnsucht, dass wir sie selbst tief verborgen halten. Vielleicht fürchten wir selbst uns vor derjenigen inneren *Reinheit*, die die wahre Liebe mit sich bringen bzw. erfordern würde... Vielleicht sinkt uns der Mut, wenn wir daran denken. Vielleicht halten wir uns für ohnehin nicht fähig oder würdig genug, eine solche wahre Liebe auch nur ansatzweise verwirklichen zu können – und flüchten uns dann in eine Entschuldigung, in der wir diese „Unmöglichkeit" auf die ganze Welt verallgemeinern.

Es gibt einen wunderbaren Brief von Rainer Maria Rilke, und wir können wiederum versuchen, das, was Rilke darin sagt, so intensiv wie möglich zu verstehen und mitzuvollziehen. Dazu ist es wichtig, seine Worte langsam genug zu lesen und das, was sie sagen wollen, im Verstehen und Fühlen in sich lebendig zu machen:[1]

> [...] Sie haben viele und große Traurigkeiten gehabt, die vorübergingen. Und Sie sagen, daß auch dieses Vorübergehen schwer und verstimmend für Sie war. Aber, bitte, überlegen Sie, ob diese großen Traurigkeiten nicht vielmehr mitten durch Sie durchgegangen sind? Ob nicht vieles in Ihnen sich verwandelt hat, ob Sie nicht irgendwo, an irgendeiner Stelle Ihres Wesens sich verändert haben, während Sie traurig waren? Gefährlich und schlecht sind nur jene Traurigkeiten,

---

[1] Brief vom 12.8.1904 an Franz Xaver Kappus.

die man unter die Leute trägt, um sie zu übertönen; wie Krankheiten, die oberflächlich und töricht behandelt werden, treten sie nur zurück und brechen nach einer kleinen Pause um so furchtbarer aus; und sammeln sich an im Innern und sind Leben, sind ungelebtes, verschmähtes, verlorenes Leben, an dem man sterben kann. Wäre es uns möglich, weiter zu sehen, als unser Wissen reicht, und noch ein wenig über die Vorwerke unseres Ahnens hinaus, vielleicht würden wir dann unsere Traurigkeiten mit größerem Vertrauen ertragen als unsere Freuden. Denn sie sind die Augenblicke, da etwas Neues in uns eingetreten ist, etwas Unbekanntes; unsere Gefühle verstummen in scheuer Befangenheit, alles in uns tritt zurück, es entsteht eine Stille, und das Neue, das niemand kennt, steht mitten darin und schweigt.
Ich glaube, daß fast alle unsere Traurigkeiten Momente der Spannung sind, die wir als Lähmung empfinden, weil wir unsere befremdeten Gefühle nicht mehr leben hören. Weil wir mit dem Fremden, das bei uns eingetreten ist, allein sind, weil uns alles Vertraute und Gewohnte für einen Augenblick fortgenommen ist; weil wir mitten in einem Übergang stehen, wo wir nicht stehen bleiben können. [...]

Und wenn wir wieder von der Einsamkeit reden, so wird immer klarer, daß das im Grunde nichts ist, was man wählen oder lassen kann. Wir *sind* einsam. Man kann sich darüber täuschen und tun, als wäre es nicht so. Das ist alles. Wieviel besser ist es aber, einzusehen, daß wir es sind, ja geradezu, davon auszugehen. Da wird es freilich geschehen, daß wir schwindeln; denn alle Punkte, worauf unser Auge zu ruhen pflegte, werden uns fortgenommen, es gibt nichts Nahes mehr, und alles Ferne ist unendlich fern. Wer aus seiner Stube, fast ohne Vorbereitung und Übergang, auf die Höhe eines großen Gebirges gestellt würde, müßte Ähnliches fühlen: eine Unsicherheit ohnegleichen, ein Preisgegebensein an Namenloses würde ihn fast vernichten. [...]
Aber es ist notwendig, daß wir auch *das* erleben. Wir müssen unser Dasein so *weit*, als es irgend geht, annehmen; alles, auch das Unerhörte, muß darin möglich sein. Das ist im Grunde der einzige Mut, den man von uns verlangt: mutig zu sein zu dem Seltsamsten, Wunderlichsten und Unaufklärbarsten, das uns begegnen kann. Daß die Menschen in diesem Sinne feige waren, hat dem Leben unendlichen Schaden getan; die Erlebnisse, die man „Erscheinungen" nennt, die ganze sogenannte „Geisterwelt", der Tod, alle diese uns so anverwandten Dinge, sind durch die tägliche Abwehr aus dem Leben so sehr hinausgedrängt worden, daß die Sinne, mit denen wir sie fassen könnten, verkümmert sind. Von Gott gar nicht zu reden.

Aber die Angst vor dem Unaufklärbaren hat nicht allein das Dasein des einzelnen ärmer gemacht, auch die Beziehungen von Mensch zu Mensch sind durch sie beschränkt, gleichsam aus dem Flußbett unendlicher Möglichkeiten herausgehoben worden auf eine brache Uferstelle, der nichts geschieht. Denn es ist nicht die Trägheit allein, welche macht, daß die menschlichen Verhältnisse sich so unsäglich eintönig und unerneut von Fall zu Fall wiederholen, es ist die Scheu vor irgendeinem neuen, nicht absehbaren Erlebnis, dem man sich nicht gewachsen glaubt.

Aber nur wer auf alles gefaßt ist, wer nichts, auch das Rätselhafteste nicht, ausschließt, wird die Beziehung zu einem andren als etwas Lebendiges leben und wird selbst sein eigenes Dasein ausschöpfen. Denn wie wir dieses Dasein des einzelnen als einen größeren oder kleineren Raum denken, so zeigt sich, daß die meisten nur eine Ecke ihres Raumes kennen lernen, einen Fensterplatz, einen Streifen, auf dem sie auf und nieder gehen. So haben sie eine gewisse Sicherheit. Und doch ist jene gefahrvolle Unsicherheit so viel menschlicher, welche die Gefangenen in den Geschichten [Edgar Allan] Poes drängt, die Formen ihrer fürchterlichen Kerker abzutasten und den unsäglichen Schrecken ihres Aufenthaltes nicht fremd zu sein. Wir aber sind nicht Gefangene. Nicht Fallen und Schlingen sind um uns aufgestellt, und es gibt nichts, was uns ängstigen oder quälen sollte. [...] Wir haben keinen Grund, gegen unsere Welt Mißtrauen zu haben, denn sie ist nicht gegen uns. Hat sie Schrecken, so sind es *unsere* Schrecken, hat sie Abgründe, so gehören diese Abgründe uns, sind Gefahren da, so müssen wir versuchen, sie zu lieben.

Und wenn wir nur unser Leben nach jenem Grundsatz einrichten, der uns rät, daß wir uns immer an das Schwere halten müssen, so wird das, welches uns jetzt noch als das Fremdeste erscheint, unser Vertrautestes und Treuestes werden. Wie sollten wir jener alten Mythen vergessen können, die am Anfange aller Völker stehen, der Mythen von den Drachen, die sich im äußersten Augenblick in Prinzessinnen verwandeln; vielleicht sind alle Drachen unseres Lebens Prinzessinnen, die nur darauf warten, uns einmal schön und mutig zu sehen. Vielleicht ist alles Schreckliche im tiefsten Grunde das Hilflose, das von uns Hilfe will. [...]

Die Fülle des Lebens kennen wir Menschen zunächst gar nicht mehr. Während wir älter werden – und diese Vorgänge beginnen schon in der Kindheit –, wird die Sehnsucht nach dem Wahren, dem Schönen und dem Guten – und das heißt letztlich auch: unsere eigene Fähigkeit und unser eigener Mut dazu – so oft enttäuscht,

dass sie immer weiter hinabsinkt, hilflos wird und sich so das Gute in das Hässliche, das Schreckliche verwandelt und von diesem überdeckt wird...
Die Welt ist kein unfreundlicher Ort. Wie wir *Menschen* diese Welt jedoch gestalten, das kann aus ihr einen unfreundlichen Ort machen, in dem man sich innerlich auf Inseln flüchtet – vor sich selbst und vor den Anderen.

*

Kennt nicht jeder Mensch die Erfahrung, wie unendlich schwer es ist, gerade dasjenige, was ihm am Wichtigsten ist und was ihn am tiefsten berührt, mit anderen Menschen zu teilen? Hier *beginnen* die Enttäuschungen, die inneren Verletzungen, die Verhärtungen; hier beginnt die Hilflosigkeit, die zu immer neuer Einsamkeit wird. Selbst wenn nicht immer wahrhaftige Drachen erscheinen – die Prinzessinnen verschwinden dennoch... Wir verbergen unsere tiefsten, zartesten Erfahrungen tief in unserem Innern. Und am Ende vergessen wir dann oft selbst solche Empfindungen; vergessen, wie sie sich anfühlten, und sogar, dass wir sie einmal hatten...

Menschen, die innig verliebt sind, haben die tiefste Sehnsucht, einander *alles* sagen zu können. Manchmal haben sie auch die Fähigkeit dazu – sogar die Fähigkeit, einander wirklich tief *zuzuhören*; sogar die Fähigkeit, das Wesen und das Fühlen des Anderen tief zu empfinden und zu *verstehen*.

Aber was geschieht, wenn hier ein erster leiser Bruch eintritt? Wenn man sich in dem, was einem selbst ein tiefes Erleben war, vom Anderen einmal nicht in dieser Tiefe verstanden fühlt? Oder wenn man die leise Enttäuschung des Anderen spürt, wo es einem selbst an der Fähigkeit mangelt, das Erleben des Anderen tief teilen zu können?

Und was geschieht, wenn die unendliche Verliebtheit nachlässt – und mit ihr auch der unendliche Wille und die scheinbar unendliche Fähigkeit, alles zu verstehen und zu teilen, was den Anderen berührt? Und was ist mit all den Menschen, die einem weniger nahe stehen als dieser eine, naheste Mensch? Warum können sich selbst enge Freunde und Geschwister einander leise immer weiter entfremden, scheinbar immer unüberbrückbarer getrennt durch unsichtbare Mauern des Nicht-Verstehens? Fehlt der Wille oder fehlt die Fähigkeit – oder ist dies eins? Und warum können sich selbst enge Kollegen letztlich so fremd bleiben, dass man eigentlich nichts vom Anderen weiß, über Jahre oder sogar Jahrzehnte hinweg...?

Gibt es Wege zum anderen Menschen, zum Mitmenschen? Gibt es Wege, die diese Mauern überwinden – und Wege, die das Entstehen neuer trennender Schluchten verhindern?

Diese Frage ist eine äußerst schwerwiegende.
Es ist nicht mit sogenannten Gesprächs-Techniken getan. Man kann zum Beispiel in einem „Team" noch so oft über „Gewaltfreie Kommunikation" gesprochen haben oder noch so viele „Befindlichkeits-Runden" machen und doch nicht an den Punkt kommen, wo ein Mensch wirklich dem oder den anderen Menschen sein Herz öffnet. Es kann die ganze Atmosphäre oder Situation eine solche sein, dass man dasjenige, worum es einem *eigentlich* geht, niemals offenbaren würde.

Man kann aber auch sehr harmonische, erfreuliche Zusammenkünfte mit der Familie oder mit Freunden erleben, in denen schöne Begegnungen, Gespräche und Aktivitäten stattfinden, und dennoch das Gefühl haben, dass man mit seinen innersten und wesentlichsten Erlebnissen einsam bleibt, sehr einsam...

*

Oft kann man erleben, dass einem – dass uns allen – die *Fähigkeiten* fehlen, dasjenige zu verwirklichen, wonach wir uns eigentlich sehnen.

Nehmen wir an, wir wollen einen anderen Menschen aufrichtig näher kennenlernen. Wie macht man das? Wie begegnet man einander, wie kommt man zu *wirklichen* Begegnungen? Wie ist es möglich, über den unverfänglichen Small Talk hinauszukommen –

auch wenn dies schon vielleicht sehr schön ist – und zu jener Sphäre zu kommen, in der eine Wesensbegegnung zweier Menschen stattfinden kann?

Oder nehmen wir an, wir wollen *inhaltlich* etwas gestalten. Stellen wir uns zum Beispiel vor, dass wir mit Weihnachten mehr verbinden als gutes Essen und Familienzusammenkünfte, und dass unser religiöses Erleben sich auch nicht in einem Kirchenbesuch erschöpft. Wie kann man Weihnachten dann so gestalten, dass diese besondere Zeit ein Ausdruck des innersten Erlebens werden kann, ein Ausdruck dessen, was man mit ihr wirklich verbindet – und dies bis in die menschlichen Begegnungen hinein?

Wir können viele weitere Beispiele finden, die den eigenen inneren Fragen entsprechen. Immer geht es in irgendeiner Weise um die Frage: Wie kann dies *gestaltet* werden; wie kann dies *möglich* werden? Wie wird das Äußere ein Spiegel des Inneren? Wie kann das Innere Ausdruck finden?

Sehr intensiv können wir uns hier unserer Ohnmacht bewusst werden! Wenn wir die Antworten auf diese Fragen schon hätten, wenn wir die ihnen entsprechenden Fähigkeiten schon besäßen, dann würden sich die Fragen nicht stellen...

*

Indem wir uns intensiv und bewusst mit solchen Fragen beschäftigen, lernen wir viel über uns selbst. Die geschilderte Ohnmacht kann ganz verschiedene Aspekte und Facetten haben. Uns können die konkreten *Ideen und Vorstellungen* fehlen, was wir tun könnten, um etwas so nach außen zu tragen, wie es innerlich in uns lebt. Dann mangelt es uns an der Fähigkeit, solche Ideen und Vorstellungen zu bilden. Ebenso kann es uns aber auch an den Fähigkeiten mangeln, einmal gefasste Vorstellungen auch in die *Wirklichkeit umzusetzen*. Uns kann aber auch einfach der *Mut* fehlen – vielleicht der Mut, bestimmte Vorstellungen tatsächlich überhaupt einmal zu fassen oder bestimmte Dinge dann real zu tun und zu wagen...

Der erfolgreiche, welterfahrene Geschäftsmann hat vielleicht keinen Mangel an Mut, eine Frau anzusprechen, die er gerne kennenlernen würde. Viel wahrscheinlicher ist es, dass ihm die innere Zartheit fehlt, dieser Frau dann auch wirklich zu begegnen. Oder vielleicht fehlen ihm die Worte, um sie erleben zu lassen, dass es ihm nicht um eine „Eroberung" geht, sondern um eine wirkliche Begegnung...

Ein anderer Mensch hat vielleicht sogar sehr viel Feingefühl und Fähigkeit, mitzuempfinden und zuzuhören – wesentliche Bedingungen für jede wirkliche Begegnung –, doch fehlt ihm dafür der Mut, Situationen zu schaffen und zu gestalten, in denen diese Fähigkeiten überhaupt erst realisiert werden können, beginnend mit dem Mut, einem Menschen nahezutreten und ihn anzusprechen, eine Begegnung zu *beginnen*.

Ein anderer Mensch hat vielleicht sowohl große Offenheit und tiefes Interesse gegenüber anderen Menschen als auch den Mut, sie anzusprechen, aber es mangelt ihm an Phantasie und Geistesgegenwart, mit verschiedenen Situationen, die sich in solchen Begegnungen ergeben können, umzugehen.

Immer wieder geht es also um Fähigkeiten, die für eine wirkliche Begegnung zwischen Menschen wichtig sind, die aber auf ganz verschiedenen Gebieten da sein bzw. fehlen können.

*

Im Großen stehen wir in der Welt vor ganz ähnlichen Fragen und ähnlichen Ohnmachten. Auch hier kann eine Gesellschaft und können ihre – im mehrfachen Sinne – entscheidenden Mitglieder unfähig sein, bestimmten Menschen(gruppen) und ihren Bedürfnissen zu begegnen. Das können die arbeitslosen Menschen sein, die Jugendlichen, junge Familien, alleinerziehende Mütter (oder Väter), die alten Menschen, die Kinder, die Selbstständigen, die Niedriglohnarbeiter und so weiter. Die Unfähigkeit kann auch hier einerseits im *Verständnis* der Situation und der Nöte der Menschen liegen; andererseits in der Frage der richtigen, menschlichen *Ge-*

staltung der Verhältnisse; oder aber wiederum in einem Mangel an (politischem, gesellschaftlichem, sozialem) *Mut...*

Und ziehen wir die Kreise noch größer, stehen wir weltweit wiederum vor ganz ähnlichen Fragen – sei es in der Begegnung verschiedener Staaten und Nationen (und ihrer Vertreter), sei es in der Begegnung verschiedener Kulturen, Ethnien, Religionen.

Die Frage nach dem *Wesen des Menschlichen* stellt sich auf jeder Ebene immer wieder neu. – Wir wollen aber dennoch wieder auf die Ebene des unmittelbar Zwischenmenschlichen zurückkehren, weil sich die Frage hier entscheidet. Auch gesellschaftlich und politisch handeln und begegnen sich letztlich immer *einzelne* Menschen. Oder anders gesagt: Gerade da, wo einzelne Menschen ganz aus sich heraus zu handeln beginnen, können sie auch im Großen unendlich viel erreichen. Man denke nur an den Kniefall Willy Brandts vor dem Ehrenmal des Warschauer Ghettos, man denke an Martin Luther King, an Mahatma Gandhi, an unzählige andere große Menschen und ihre Taten, die die Welt veränderten.

Und umgekehrt können alle Versuche, die Welt im Großen zu verändern, nur scheitern oder auf tönernen Füßen stehen, wenn es nicht im einzelnen Menschen gelingt, das wahrhaft Menschliche zu finden und immer mehr zu vertiefen. Dies können wir uns nicht deutlich genug bewusst machen. Man muss hier nicht erst an die Schrecken des „Kommunismus" denken. Es reicht, sich aufrichtig darauf zu besinnen, wie viele oft furchtbare Streitereien es innerhalb zivilgesellschaftlicher Bewegungen, Genossenschaften, alternativer Projekte und so weiter gibt. Ziele können sehr idealistisch sein, doch die Praxis entspricht den Idealen oft ganz und gar nicht. Selbst zwischen denen, die sich „gemeinsam" für dieselbe „gute Sache" einsetzen, findet wirkliche, wahrhaftige Begegnung sehr oft nicht statt...

Es geht nicht darum, an die Stelle von Diskurs- und Konfliktfähigkeit eine falsche Harmonie zu setzen. Das, was hier gemeint ist, ist viel tiefgreifender. Es geht um die Frage, auf welchem Wege *wahre* Harmonie möglich werden kann. Auf welchem Wege kom-

men wir über bloße Diskurse und über die unendliche Wiederkehr der Konflikte der Vorstellungen, Meinungen, Theorien und Ansätze *hinaus* – hin zu etwas ganz Anderem, zu etwas, das unserer eigentlichen Sehnsucht immer näher kommt?
„Eine andere Welt ist möglich", so lautet ein Slogan von Attac. Doch dieses „Andere" beginnt immer im einzelnen Menschen – und wenn es sich dort nicht offenbart, wird die Welt niemals zu einer grundlegend *menschlichen* Gestalt finden. Erst muss es der Mensch selbst sein, der wahrhaft Mensch wird...

*

Die Frage nach dem Menschlichen – und nach einer menschlichen Gestaltung auch der gesellschaftlichen Verhältnisse in jedem Bereich – berührt ganz unmittelbar auch die Frage nach dem *Menschenbild*.

In der heutigen Zeit existieren die unterschiedlichsten Auffassungen, was der Mensch sei. Ist der Mensch ein intelligentes Tier? Ist er ein Geschöpf Gottes? Ist er Teil eines Universums, das letztlich nur aus Atomen besteht? Ist er Teil einer Welt, in der die höchste Realität etwas Göttliches ist? Welches Menschenbild steht hinter den Hartz-IV-Gesetzen? Hinter der Werbung? Hinter unserem Wirtschaftssystem? Hinter unserem Schulsystem? Was ist der Mensch? Welche Menschenbilder kämpfen heute miteinander, welche überwiegen wann und wo – und ist uns dies überhaupt bewusst? Am Menschenbild entscheidet sich bereits unendlich viel...

Wie äußert sich bei einem Menschen das Bedürfnis, eine junge, sympathische Frau kennenzulernen, wenn dieser Mensch, dieser Mann, ein Menschenbild hat, wonach der Mensch ein höheres Tier ist, das von Erbgut und Umwelt bestimmt ist, dessen Verhalten von neuronalen Impulsen und Hormonen bestimmt wird? Gibt es für diesen Mann überhaupt den Begriff der Sehnsucht? Ist diese etwas Reales? Fühlt er so etwas wie Sehnsucht, während sein Denken von Begriffen geprägt ist, die seinen eigenen seelischen Empfindungen widersprechen? Sieht er sich *selbst* als Produkt von Erbfaktoren, Umwelteinflüssen und neuro-hormonaler Determination?

Und wenn er sich in eine junge Frau verliebt – sieht er *sie* ebenfalls als ein höheres Tier, dessen Verhalten und Wesen von äußeren und inneren Prozessen determiniert ist? Worauf bezieht sich dann seine Sehnsucht? Ist es die Sehnsucht eines Tier-Menschen nach einem Tier-Menschen? Und seine Liebe das Produkt bestimmter Makromoleküle, die den einen Organismus zu dem anderen hinziehen?

Wir sehen, wie zutiefst wichtig die Frage nach dem Menschenbild ist...

Schon hier können wir jedoch erleben, dass die Vorstellungen, die man sich über das Wesen des Menschen macht, der real erlebten und empfundenen Wirklichkeit völlig widersprechen können. Denn es wird wohl kaum einen derart materialistisch gesinnten Mann geben, der seine eigenen Gefühle – wenn er welche hat – absolut leugnen und missachten würde.

Der naturwissenschaftlich geschulte Mann kann sehr genau wissen, dass Triebe und Hormone sehr wohl eine Rolle spielen können; man kann die rein körperlich sexuell wirkenden Kräfte sehr genau unterscheiden lernen. Aber wenn nicht einfach nur – oder vielleicht überhaupt nicht – triebgebundene Empfindungen erregt werden, sondern wenn wirkliche *Gefühle* aufsteigen; wenn dieser Mann sich nicht einfach instinkt- und triebmäßig zu einem weiblichen Exemplar seiner Gattung mit sexuell starken Schlüsselreizen hingezogen fühlt, sondern wenn er *Zuneigung* empfindet, Interesse empfindet, einen individuellen, einmaligen *Menschen* wahrnimmt und diesen kennenlernen möchte – dann ist *mehr* und *anderes* wirksam, wesentlich mehr und etwas ganz anderes...

Insofern rein sexuelle Triebkräfte wirksam sind, befinden wir uns auf der Ebene der körperlichen Prozesse, die wir mit den Tieren gemeinsam haben (physisch, chemisch, biologisch). Insofern ein Mensch Sympathie und Antipathie empfindet, haben wir bereits das Reich des Seelischen betreten. Was hier wirkt, sind nicht leibliche Prozesse, es sind *seelische* Prozesse. Damit ist nicht gesagt, dass diese seelischen Empfindungen nicht sehr wohl immer noch (oder wiederum) leibliche Prozesse nach sich ziehen können – die seelischen Empfindungen selbst jedoch bilden ein eigenes, neues

Reich. Von Freund zu Freund zum Beispiel kann man Sympathie empfinden, ohne dass irgendwelche sexual-hormonellen Vorgänge mitspielen.

Und wenn man über die bloße Sympathie noch hinausgeht und das Individuelle, Einzigartige eines anderen Menschen wahrzunehmen und wirklich zu erleben beginnt – nicht nur seinem Äußeren nach, sondern auch seinem ganzen Wesen nach –, so betreten wir ein Reich, das über das nur Seelische nochmals hinausgeht. Dort, wo das Wesen eines Menschen erlebbar wird, berühren wir das Geistige, die Sphäre des Ewigen.

*

Es kommt nicht darauf an, mit dieser Differenzierung der Wirklichkeit in körperliche, seelische und geistige Aspekte oder mit den Begriffen Seelisches und Geistiges, Seele und Geist, sogleich einverstanden zu sein. Wichtig ist zunächst nur, die verschiedenen Phänomene in ihrer starken Unterschiedlichkeit immer mehr wahrzunehmen und erleben zu lernen.

Es gibt Menschen, die betonen die Ebene des Körperlichen ganz bewusst – sei es, weil sie eigentlich kaum etwas anderes kennen, sei es, weil sie anderes auch gar nicht kennen wollen, sondern nur die körperlichen Prozesse genießen wollen. Solche Menschen suchen dann zum Beispiel den Sex um des Sex willen. Sie sprechen vom „guten Sex", suchen diesen möglichst oft und in immer wieder neuen Formen, die die sexuelle Lust immer wieder neu aufrechterhalten, anstacheln, anders befriedigen. Unter Umständen ist es ihnen auch mehr oder weniger egal, mit welchen (attraktiven) Sexualpartnern dieses Geschehen stattfindet – geht es doch ohnehin vor allem nur um die *eigene* körperliche Lust.

Dort, wo der Sexualpartner nicht ganz egal ist, spielen schon andere Wirkungen mit hinein, auch wenn sie nicht wirklich durchschaut werden. Zwei Menschen können durch viel weitreichendere Kräfte miteinander verbunden sein, deren sie sich gar nicht bewusst sind.

Es gibt aber auch Begegnungen zwischen einem Mann und einer Frau, die gerade durch das absolute Überwiegen seelischer Gefühle und geistiger Wesensbegegnung erschüttern können. Die mehr leiblich mitspielenden Prozesse vervollständigen dann gleichsam nur das hier geschehende *Wunder*.
Man kann sich hier sämtliche Beispiele tiefer, reiner, zarter Liebe vor die Seele rufen. Dazu gehört besonders intensiv die zarte, beginnende Verliebtheit vieler jugendlicher Menschen, in der der andere Mensch scheu verehrt wird; dazu gehören auch andere Formen romantischer Liebe, in der das Seelische und das geliebte individuelle Wesen des anderen Menschen eine große Rolle spielen; dazu gehört auch die Minne des Mittelalters, in denen die Liebenden sich die gröberen körperlichen Prozesse geradezu völlig versagten – um die seelisch-geistigen Empfindungen der Liebe nur um so mehr zu vertiefen.

Wer einmal diese tiefe, zarte Verliebtheit oder Liebe kennengelernt hat, der hat den *Unterschied* der verschiedenen Ebenen in erschütternder Weise und Klarheit erleben können – auch dann, wenn er ihn sich da noch nicht bewusst machen konnte.
Die romantische, die idealisierende Liebe ist gerade dadurch gekennzeichnet, dass das geliebte Wesen so innig geachtet, ja verehrt wird, dass jeder gröbere Gedanke an sexuelle, körperliche Geschehnisse entweder überhaupt gar nicht aufkommt oder aber als unreine Störung des reinen Verhältnisses und des reinen Bildes des geliebten Wesens sogleich innerlich zurückgewiesen wird. Man will seine eigene Liebe so zart und so rein halten, dass man der Liebe des reinen, wunderbaren, geliebten Wesens würdig ist...
Jeder Gedanke an dieses Wesen ruft die besten, die reinsten Kräfte in einem selbst auf, alles Unreine möge verbannt bleiben...
Wer eine solche Liebe nie erlebt hat, kann die Zartheit dieser Gefühle nicht einmal erahnen. In jungen Menschen lebt diese Art des Liebens jedoch als eine natürliche Sehnsucht – wenn sie nicht durch andere Einflüsse völlig verschüttet wird. Zumindest mit der ersten, tiefen Verliebtheit wird vielleicht doch jeder Mensch etwas von dieser Liebe kennengelernt haben...

*

Können wir dies nicht gleichsam wie eine Art Urbild empfinden?

Gerade an dem Punkt, wo der Mensch als biologisches Wesen geschlechtsreif wird und die entsprechenden körperlichen Prozesse einsetzen, entfaltet sich auch mehr und mehr sein seelisches Inneres. Und mit welcher innigen Intensität entfaltet sich dieses *Seelische*, wenn sich ein junges Mädchen, ein Junge das erste Mal verliebt! Wie sehr beansprucht das Seelische das Übergewicht, drängt das Körperliche geradezu zunächst hinweg, verweist es auf einen nachgeordneten Platz. Wie wichtig es auch werden möge, das Seelische ist in jedem Fall *noch* viel tiefer empfunden. – Und wie stark ist zugleich das erste Ahnen des auch das Seelische noch übersteigenden Geistigen, das wirkliche Suchen des *einen* anderen Menschen, die Sehnsucht nach wirklicher Begegnung, das ahnende Erkennen der Einzigartigkeit des geliebten Anderen und auch der eigenen Individualität...

Wenn es eines Beweises bedürfte, dass der Mensch mehr ist als der Leib, dass er Seele und Geist besitzt, dann würde gerade das Wunder der ersten Verliebtheit diesen Beweis erbringen – und dies, *obwohl* in diesem Zusammenhang vielleicht auch die körperlichen Prozesse erwachen. Sie sind nachgeordnet, es erwacht viel, viel mehr! Man muss geradezu sagen: Die erste Verliebtheit ist nicht ein Produkt körperlicher Vorgänge, sondern diese sind allenfalls ein Produkt (oder unabhängige Begleiterscheinung) der ersten idealischen Liebe, die viel, viel mehr umfasst...

Für diese Liebe ist vielleicht *auch* die körperliche Nähe, Zärtlichkeit, Vereinigung eine Sehnsucht – jedoch nicht als primäres Ziel, sondern als Folge der seelisch-geistigen Berührung. Was man sich vor allem wünscht, ist überhaupt die Nähe des geliebten Wesens, seine Zuneigung, sein Verständnis des eigenen Wesens. Diese eigentliche, ursprüngliche Sehnsucht spielt ganz im Seelischen und Geistigen – und sie geht hervor aus dem, was man als erschütternde Berührung durch das ganze (körperlich-seelisch-geistige) Sein und Wesen des anderen Menschen erfahren hat.

*

An der Frage des einen geliebten Menschen, durch den man sich tiefer berührt fühlt als durch jeden anderen, kann also die Frage nach dem Wesen der Liebe und auch nach dem Wesen des Menschen erwachen. – Ausgegangen sind wir jedoch zuvor schon von der Frage, wie der Mensch in seinem Denken und Fühlen über seinen eigenen kleinen Umkreis hinauswachsen kann. Können wir nun darauf eine Antwort finden, oder sind wir gerade in eine noch stärkere Begrenzung geraten, indem wir uns nun auf die Frage der einzigartigen Verliebtheit und damit eines einzigen Menschen konzentrieren?

Es ist eigentlich nicht möglich, hier in ein dauerhaftes Paradox zu geraten; das scheinbare Paradox wird uns selbst den Ausweg zeigen. – Ist das Wesen der Liebe nicht gerade das sich Schenkende und Weitende? In der Liebe zu einem anderen Menschen macht ein Mensch immer einen ungeheuer großen, ersten Schritt über sich hinaus. Wenn es nicht eine vollkommen egoistische Liebe ist, muss bereits diese Liebe zu einem einzigen Menschen jenen Impuls enthalten, der die Liebe überhaupt ausmacht...

Und erlebt der innig liebende Mensch nicht gerade dies? Kann er seine Liebe denn egoistisch beschränken, im Zaum halten, ganz auf den einen anderen Menschen „fokussieren"? Oder ist es nicht vielmehr so, dass der wahrhaft Liebende in seiner tiefen Freude „die ganze Welt umarmen" könnte? Gibt ihm das empfundene Glück nicht zugleich einen Impuls der Selbstlosigkeit; einen Impuls, etwas von diesem Glück weiterzuschenken? Nun, der Glückliche kann nicht anders, als seiner Umwelt glücklich zu begegnen und sie allein schon dadurch zu beschenken. Aber der Verliebte oder Liebende tut noch mehr: Er begegnet auch der übrigen Welt mit größerem Wohlwollen als zuvor. Es ist nicht einfach nur das empfundene Glück. Es ist mehr: es ist ein sich regender Wille, auch gegenüber der übrigen Welt *gut* zu handeln...
Und dies entspricht wiederum dem allgemeinen Impuls des idealisch Verliebten: Das Gefühl der Liebe zu einem innig verehrten Wesen ruft in der eigenen Seele in allem das Beste auf. Man möchte die eigene Seele *gut* machen, um dem geliebten Wesen würdig zu werden...

Es wirken hier auf diese Weise zwei ähnliche, verwandte Impulse: Der eine erweckt den guten Willen deshalb, weil die eigene Seele *gut* werden will, um dem geliebten und verehrten Wesen ähnlich zu werden. Der andere Impuls erweckt den guten Willen aus Dankbarkeit für das empfangene, erlebte Glück...

Damit aber *ist* der wahrhaft liebende Mensch schon weit über seinen eigenen kleinen Umkreis hinausgekommen. Indem er seine Seele *gut* machen will, bemüht er sich um die größte Selbstlosigkeit, die ihm im Moment überhaupt nur möglich ist. Das wunderbare Bild desjenigen Menschen, dem seine innige Liebe gilt, ruft diese Selbstlosigkeit in ihm hervor! Mag sich diese Selbstlosigkeit nur aufgrund des eigenen, persönlichen Glückes entzünden – sie *wird* entzündet und ist damit ein erster, starker Keim zur wahren, wesenhaften Selbstlosigkeit.

Gerade da also, wo die Liebe sich zum ersten Mal in stärkster, intensivster Weise auf einen einzelnen Menschen richtet, wohnt ihr bereits im Keim die ganze Kraft inne, den Menschen immer weiter über sich hinauszuführen.

Und *dieses* Wunder ist ebenso groß wie die zarte erste Verliebtheit selbst – es ist ein untrennbarer Teil dieses umfassenden Wunders.

*

Das Wunder einer tiefen, erschütternden Liebe kann einen Menschen aber auch viel später noch ergreifen – selbst dann, wenn das Leben sein Herz eigentlich schon verhärtet hat. Die in das Leben einbrechende Liebe kann alles heilen...

Der Drache und das Mädchen

Der Drache hatte unzählige Jahre kommen und gehen sehen. Er wusste, dass er von allen verhasst und gefürchtet war. Er war in seiner Gestalt gefangen und hatte fast schon vergessen, dass er anders war als seine Gestalt. Nie zeigte er sich den Menschen. Wenn sie ihn dennoch entdeckten, jagten sie ihn – und er verwüstete ihre Hütten und zog sich weiter zurück. So lebte er tief in den Wäldern, an einem einsamen See, einsam sein Herz. Drachenblut erstorbener Hoffnung floss unter hässlichen Schuppen.

Nach hunderten von Jahren sah er ein Mädchen, das allein zu Pferde an den See gekommen war. Weit hatte sie sich von jeder menschlichen Ansiedlung entfernt. Beim ersten Blick wusste der Drache: Dies war die Prinzessin des Reiches. Und beim ersten Blick erzitterte innerlich sein ganzes, mächtiges Wesen.

Unwillig schüttelte er seinen Körper, sich abzuwenden, bis er wieder allein sei – doch es war eine ohnmächtige Gebärde, jahrhundertealter Unwille, der nicht ihr galt, dem Wesen, das er sah. Einsamkeit schmolz dahin – und Einsamkeit wuchs tausendfach. Nicht abwenden konnte er den Blick. Tief trank er jede Gebärde des wunderbaren Wesens dort am See – und jede Begegnung des Mädchens war wie eine Erlösung. Wärme durchrann seinen riesigen Leib – Wärme, die er niemals gekannt oder schon ewig vergessen. Und der große Drache erschauerte... Still staunend ruhten seine großen, klaren Augen auf der wunderbaren Gestalt. Sie schien ihm umgeben von Licht – wärmer als die Sonne, milder als der erste Schnee...

Als das Mädchen für Augenblicke durch einen Fels verborgen war, erwachte der Drache zu sich selber. Eine Träne rann aus seinen großen Augen, und unendlich leise wandte er sich ab, weil er den Anblick nicht mehr ertrug.

Doch nach wenigen Wochen erschien die Prinzessin wieder am See. Der Drache hatte versucht, sie zu vergessen – und doch in jeder Sekunde nur ihr Bild in sich getragen. Nie hatte er geglaubt, dass sie zurückkehren würde, und mit aller Macht dagegen gekämpft, es auch nur zu hoffen. Und doch war sie eines Morgens wieder da – und wiederum wurde der Drache von ihrem Anblick erschüttert, noch tiefer, wenn dies möglich war...
Diesmal konnte er sich nicht vergessen, und so konnte er ihren Anblick schon nach kurzer Zeit nicht mehr ertragen. Aber er fühlte zugleich, dass er es auch nicht ertragen würde, sich abzuwenden. Wehrlos verharrte seine große Gestalt hinter den Büschen – und ganz unbewusst setzte er mit seiner großen Tatze einen sanften Schritt nach vorn...

In tiefem Entsetzen gewahrte er, dass das Mädchen den Blick in seine Richtung wandte – und ihn sah. Unfähig, etwas zu tun oder sich nur zu bewegen, blickte der Drache unmittelbar in das Antlitz des Mädchens, in seine klaren, reinen Augen – und ertrank in ihnen. Alle Zeit schwand, alle Vergangenheit, alle Umgebung. Es gab keine Wälder, keine Seen, keine Menschen. Es gab nur ein einziges Mädchen, ein einziges Augenpaar – und eine einzige unendliche Erlösung, Hoffnung... Doch die Ewigkeit zerbrach, das Mädchen wandte sich um, warf sich auf sein Pferd und jagte davon.

Unendliche Verzweiflung... Der große Drache aß nichts und trank nichts mehr... Keine einzige Bewegung des Mädchens ging ihm aus dem Sinn. Wie lange hatte sie ihn angesehen? Warum hatte sie nicht geschrien? Hatte in ihrem Entsetzen, und *davor*, noch etwas anderes gelebt? Hatte er nicht auch in diesem Augenblick noch ihr Wesen wahrgenommen, Offenheit, Verwunderung, Wärme...? War dies nicht die Ewigkeit gewesen, die sie für Momente verbunden hatte, bevor das Entsetzen sich einschlich und überwog? Aber, ach, es waren müßige Fragen, die er sich Tag um Tag, Stunde um Stunde stellte, denn sie würde niemals wiederkehren.

Doch sie kam wieder! Der Drache hörte ihr Pferd, nur eines... Zögernd näherte sie sich dem See, stieg ab... Zögernd band sie das Pferd an einen Baum, blickte dann in seine Richtung, wo er sich tief verborgen hielt. Die Gedanken stürmten in seinem Kopf. Nie wieder wollte er sie erschrecken, es wäre ihm genug, sie so zu sehen wie jetzt, für einige Momente, das Glück ihres Anblicks zu erleben. Wieder überwältigte ihn das Erschauern. Des Mädchens suchender Blick... Aber was, wenn sie nicht wiederkehren würde? Was, wenn er sie nun doch das allerletzte Mal sehen würde? Wieder machte er ganz unbewusst einen Schritt zu ihr hin.

Das Mädchen, das sich ein wenig zur Seite gewandt hatte, fuhr herum, und wieder begegnete ihr Blick dem des Drachen. Wieder stand er hilflos und sah von neuem, wie Staunen und Entsetzen in ihren Augen sich mischten, miteinander rangen. Er konnte ihre Angst nicht ertragen und wollte zurückweichen – da sah er, wie sie

selbst ihr Entsetzen bezwang und wie nur Furcht und Offenheit zurückblieben... Der Drache wagte es nicht, auch nur einen weiteren Schritt zu tun, doch er fühlte, wie sein ganzes Wesen flehte, das Mädchen wiederzusehen. Und eine Träne löste sich von seinen Augen...
Hatte das Mädchen sie gesehen? Wuchs nicht ihre Verwunderung in ihren wunderschönen Augen? Doch auch sie wagte nicht, etwas zu tun. Nach einer langen Zeit band sie zögernd ihr Pferd los und ritt, nach einem letzten langen Blick zurück, davon.

Dieser letzte Blick war es, der dem Drachen nun nicht mehr aus dem Sinn ging, den er in jedem Moment bei sich trug. Er war ihm wie ein Versprechen erschienen, obwohl er nicht gewusst hätte, dies zu begründen. Er aß und trank nun – und hoffte...

Und nach einigen Wochen war sie wieder da. Der Drache wusste, dass er auch nach tausend Malen von ihrem Blick überwältigt werden würde – und er wusste, dass dies das größte Glück war, was es gab: besiegt zu werden von demjenigen Wesen, dem man unterliegen *wollte*.
Wieder sah er die Furcht in ihren Augen, aber in dieser lebte zugleich der Keim von etwas, was er noch niemals, niemals erlebt hatte: das Erlebnis eines beginnenden Vertrauens... Und diesmal blieb die Prinzessin stehen, als er einen Schritt nach vorn setzte, auch, als er einen zweiten Schritt machte...
Als der Drache aus den Büschen heraustrat, sah er in ihren Augen, wie ihr Herz doch wiederum zu rasen begann. Sofort blieb er stehen und rührte sich nicht mehr. Er verstand, dass das Mädchen von Furcht überwältigt wurde, und sah ihr nach, bis sie verschwunden war. Wiederum hatte sie ihm einen letzten Blick geschenkt, in dem trotz aller Furcht ihr ganzes Wesen lag...

Und als das Mädchen wiederkehrte, war der Keim des Vertrauens zu einer zarten Vertrautheit geworden. Wieder griff die Furcht mächtig das Herz des Mädchens an – doch ihr Vertrauen war ebenso stark und drängte die Furcht zurück, hielt sie im Zaum. Schnell ging ihr Atem, und doch blieb sie stehen, während der Drache langsam Schritt vor Schritt setzte.

Und dann ereignete sich das größte Wunder: Als er ihr ganz nahe gekommen war, erlebte er in ihren Augen, dass das Vertrauen ganz überwog; die Furcht schien sinnlos zu werden – und sie trat zögernd einen Schritt auf ihn zu.
Was für eine Unendlichkeit lag in dieser Gebärde! Der Drache wurde von einer Woge innerer Erschütterung überwältigt. Dass dieses Wesen zuließ, dass er sich näherte, war mehr, als er glauben konnte. Dass sie *selbst* sich ihm näherte, überstieg alles, was er erfassen konnte. Ihm drohten die Sinne zu schwinden. In tiefer Überwältigung senkte er sein Haupt und legte sich ihr zu Füßen... Ergebung floss in seinen Adern, reine Hingabe, eine Hoffnung, die keine Worte hatte.
Und das Mädchen hob zögernd seinen Arm und berührte ihn sanft. Die schuppige Haut blieb gefühllos gegen die Pfeile hunderter Ritter – doch die Hand eines Mädchens durchschlug alle Abwehr und ließ das mächtige Wesen des Drachen bis ins Innerste erzittern...

Der Drache wusste in demselben Moment, dass diese Berührung für immer den leuchtenden Mittelpunkt seines Lebens bilden würde – für immer gegenwärtig, für immer das heilige Mysterium aller Erinnerung. Etwas Höheres konnte es nicht geben – nur noch ein inneres Band, das aus *vielen* solcher Momente gewoben wurde. Wie tief es aber auch reichen würde – es hätte mit diesem ersten Moment begonnen, der für immer der heiligste war...

*

Warum berühren uns solche Märchen so?
Das Erste, was wir uns bewusst machen können, ist, dass der Mensch eine *Sehnsucht* nach dem Guten hat. Diese muss nicht immer bewusst sein, ist es vielleicht sogar meistens *nicht*, und dennoch existiert diese Sehnsucht, lebt sie verborgen in der Seele eines jeden Menschen. Woran kann man sie erkennen? Sie offenbart sich unter anderem darin, dass ein Mensch innerlich berührt wird, wenn er einen Menschen erlebt, an dem er etwas von einem *reinen Herzen* wahrnimmt. Auch eine einzelne selbstlose, liebe-

volle Tat berührt uns, rührt uns an, ist eine reale Berührung unserer eigenen Seele...

Wer kann von sich sagen, dass er ein *reines Herz* hätte? Und doch, auf der anderen Seite: Wer von uns müsste von sich sagen, dass er von dem Erleben einer reinen Seele nicht tief angerührt würde?

Aber die Fähigkeit, berührt zu werden, sich berühren zu lassen, ist auch selbst schon etwas, was immer mehr verloren gehen kann oder aber immer mehr vertieft werden kann. Es gehört schon zu jenem Teil der Seele *hinzu*, der „rein" werden kann ... und auch rein werden *will*. Und man kann, wenn man spürt, wie wenig man (nur noch oder aber erst) empfinden kann, ein schlechtes Gewissen haben – gerade *weil* in der Seele jene Sehnsucht lebt, und jenes Wissen, dass es diese Reinheit *gibt* und was sie bedeutet...

Ein reines Herz ist in allem tief empfindsam, dies weiß man tief innerlich unmittelbar und sicher. Und zugleich kennt man die wirkliche Empfindsamkeit seines eigenen Herzens, wie sie geworden ist, bis zum heutigen Tage. Man weiß, wie empfindsam oder unempfindsam die eigene Seele geworden ist – und so weiß man auch, wie rein sie ist, in Bezug auf diese eine wichtige Frage. Wenn man sich selbst wahrhaftig befragt, weiß man, wieviel Empfindsamkeit und wieviel Reinheit des Herzens da sein könnte, aber unter den Ereignissen des Lebens verloren oder verschüttet gegangen ist.

In voller Klarheit, wirklich in Urbildern, tritt uns diese Reinheit in Märchen entgegen. Viele Menschen haben diese längst vergessen oder können sie nur belächeln, weil es eben nur „Märchen" sind. Doch man kann dahin kommen, zu erkennen, dass diese „Märchen" großartige *Bilder* für Wirklichkeiten sind, für reale seelische und geistige Geschehnisse, die mit dem *Wesen* des Menschen zu tun haben. Zum Wesen des Menschen gehört auch das, was noch nicht offenbar geworden ist, sondern sich erst verwirklichen will, aber dennoch schon keimhaft in ihm lebt.

In den Märchen kann jeder Mensch Bilder und Darstellungen von dem uneingeschränkt *Guten* erleben. Hier sind sie wirklich zu finden, die Menschen mit einem guten, reinen Herzen – beiderlei Geschlechts, jeden Alters, aus allen Schichten.

Hauptfigur solcher Märchen ist dennoch oft ein junges Mädchen, manchmal noch Kind, manchmal im Alter der Jugend, manchmal schon erwachsen, immer aber *Mädchen*, im Stande völliger Unschuld und Reinheit des Herzens. Und wie tief können uns diese Bilder rühren, wenn wir uns auf sie einlassen! Wie tief können sie unsere Sehnsucht nach dem Guten erwecken...

Dass dieses Mädchen mit der reinen Seele meist auch äußerlich wunderschön ist, ist *Teil* des Bildes. Das ganze Märchen ist Bild, und die Schönheit des Mädchens ist dann ebenfalls Bild. Die äußere Schönheit ist die volle Entsprechung zur *inneren* Schönheit. Im Märchen, im Bild, kann das innere Wesen der Seele nicht anders, als auch nach außen zu treten, sichtbar zu werden, offenbar zu werden. Und so wird die reine Seele bis ins Leibliche hinein wunderschön... Natürlich gibt es dann auch die alten Menschen, an denen die leibliche Schönheit wieder vergeht. An deren Stelle tritt dann die milde leuchtende Schönheit der Weisheit und tiefen Güte.

Das Mädchen im Märchen ist ein Bild für die Seele selbst. Es geht nicht um schöne Erzählungen mit „Phantasiegestalten", die „in der Wirklichkeit so nie vorkommen", es geht nicht um „bloße Märchen"! Erst, wenn man die Märchen nicht mehr so *äußerlich* real (und damit märchenhaft-irreal) anschaut, kann man dahin kommen, sie gerade vollkommen real zu nehmen – als absolut nicht phantastische Bilder realer Möglichkeiten der Seele selbst. Sogar der Begriff „Möglichkeiten" ist noch zu schwach, denn die Sehnsucht und die Berührung, die von solchen Märchen ausgehen, *sind* bereits Realitäten in der Seele! Eine Seele, die von dem Guten *berührt* wird, Sehnsucht nach dem Guten empfindet, trägt den Keim dazu schon in sich...

Märchen geben reale Bilder von dem, was sich in der Seele weiter *entwickeln* will. Etwas, was sich entwickeln will, ist aber schon da. Es „schläft" nur (auch dies ist zugleich wieder ein Bild der Märchen!) und kann erweckt werden. Die Sehnsucht ist schon die erste Offenbarung dieses Schlafenden...

Sehnsucht ist nicht nur Trennung. Man fühlt sich zwar getrennt von etwas, das man nicht ist oder hat, doch gerade *in* dieser Sehnsucht lebt verborgen ein Wille, der genau dieses Etwas verwirklichen kann, wenn er nur voll erwacht.

Der Mensch wird also von Offenbarungen des Guten und des Reinen berührt.

Was ist eine reine Seele, worin liegt ihre Reinheit? Sie liegt in dem Zustand der ursprünglichen oder wieder erworbenen Unschuld. Es ist das Rein-Sein, das Abwesendsein von niederen Empfindungen, Gedanken, Willensregungen.

Und worin besteht dieses Niedere seinem Wesen nach? Es besteht in dem Selbstbezug... Eine unreine Seele denkt, empfindet und will etwas *für sich selbst*, und dieses Selbst ist das Zentrum all ihrer Regungen. Dieser Selbstbezug erstreckt sich auf alles, was an Wünschen und Begierden von Leib und Seele ausgeht.
Das starke Gekettetsein der Seele an den Leib führt dazu, dass ihr Selbstbezug sich in jedem Moment erneuert – und die seelischen Regungen selbstbezogen bleiben. Ja, die Seele kann diesen Selbstbezug dann sogar noch über den mit dem Leibe verbundenen Egoismus hinaus steigern. Der Leib will Sättigung, die Seele kann *un*ersättlich sein; der Leib will ein Mindestmaß an Stillung seiner Bedürfnisse, die Seele kann in allem Genuss wollen und dies auch dem Leib beibringen...

Eine reine Seele hat *auch* einen Leib mit Bedürfnissen, doch sie denkt, empfindet und will, wann immer sie kann, vom rein Seelischen aus – und dieses Seelische denkt, empfindet und will nicht in Bezug auf sich, sondern in Bezug auf die Welt: Kein Genießen, sondern selbstlose, zarte, staunende Wahrnehmung, Sich-Berührenlassen, Aufnehmen der Welt. Kein Habenwollen, keine Unzufriedenheit, sondern dankbare Bescheidenheit, Schicksalsvertrauen. Keine vorschnellen negativen Urteile, sondern fortwährendes Vermuten des Besten; keine Kritiksucht, sondern Wahrhaftigkeit, Liebe zur Wahrheit. Keine Bequemlichkeit, sondern Wille zu helfen. Kein Stolz, sondern Gottesfurcht und Gottesliebe...

Immer ist die *Welt* Inhalt der reinen Seele, sie braucht nicht sich selbst ins Zentrum zu stellen, und sie *will* dies auch nicht. Da, wo sie sich bewusst von der Welt zurückzieht, tut sie es, um „mit Gott allein zu sein", sich ganz dem Göttlichen zuzuwenden.

Der egoistische Anteil der Seele liest solche Polaritäten wie die eben genannten wie altbackene oder aber rechthaberische, moralisierende Belehrungen – denn dieser Teil der Seele *will* dies alles ja gar nicht. Der *andere* Teil der Seele jedoch liest oder ahnt in alledem, was oben jeweils als Zweites angedeutet wurde, die realen Ziele seiner inneren Sehnsucht.

*

Das reine, wunderschöne Mädchen des Märchens will nichts für sich selbst. Selbstlos schenkt es sich der Welt – seine Schönheit, sein Tun, sein ganzes Wesen... Es denkt nicht an sich, es hat sich ganz vergessen, es denkt und handelt auf die Welt hin. Das ist das unendlich Berührende: Die wunderbare Schönheit, die aber zugleich Schönheit der *Seele* ist. Die selbstlose Seele, die das Gute tut, ist unbeschreiblich schön...

Das Mädchen, das selbstlos an seine Brüder denkt und alles tut, um sie zu retten („Die sechs Schwäne"); das Mädchen, das mit reinem Herzen alle Schmach auf sich nimmt („Aschenputtel"); das seine letzte Habe weggibt, um immer wieder einem noch ärmeren Menschen zu helfen („Sterntaler") – und das Mädchen, das überall da hilft, wo um es herum seine Hilfe gebraucht wird („Frau Holle").

Warum berührt uns gerade ein solches Mädchen so tief? Denn es gibt ja auch selbstlose Mütter, selbstlose alte Frauen – und auch Männer? Weil in diesem Mädchen des Märchens außer der unendlichen Güte auch noch die vollkommene Unschuld und Schönheit da ist... Das Mädchen ist in jeder, in vollkommenster Hinsicht ein Urbild der schönen Seele.

Ein Mann möchte ein so wunderschönes Mädchen „besitzen", seine Liebe gewinnen. In tieferer Hinsicht aber ist die Sehnsucht nach einem solchen Mädchen die Sehnsucht nach Erlösung von der Selbstbezogenheit. Dass ein solches Mädchen die Seele erschüttern kann, *zeigt* gerade die tiefste Sehnsucht der Seele...

Und doch ist die Menschenseele zunächst so furchtbar *schwach*, wenn es um die *eigene* Selbstlosigkeit geht. Lieber begehrt ein Mann ein solches unschuldiges Mädchen – aber seine eigene Seele verändert sich nicht. Oder doch? Ist es nicht so, dass die Liebe zu einem solchen Mädchen schon der erste Schritt zu einer völligen Verwandlung seiner Seele wäre? Würde er für ein solches unschuldiges Mädchen mit einem reinen, gütigen Herzen nicht auch *selbst* alles tun? Würde die Liebe eines solchen Mädchens nicht auch seine eigene Seele selbstlos werden lassen...? Zunächst nur, um die Liebe dieses Mädchens zu gewinnen und ihrer würdig zu bleiben; doch warum auch immer – die Wandlung seiner Seele hätte begonnen. Man kann nicht gleichzeitig berührt werden und derselbe bleiben, die Berührung hat eine Wirkung und sie *ist* zugleich diese Wirkung...

Im Grunde wirkt die tiefe, reine Liebe immer in dieser Weise: Sie beginnt, die Seele selbstlos werden zu lassen.

*

Die große Herausforderung ist es eigentlich, dieses Wunder der ersten Offenbarung der Kraft der Liebe zu *bewahren*. Die Frage ist also: Lässt sich etwas von dieser Kraft, von diesem Wunder bewahren? Und kann die Offenbarung dieser Kraft sich *weiter entwickeln*, während ihre ursprüngliche Form – die idealische, zarte, tiefe Verliebtheit – ähnlich einer Blüte vergehen wird?

Ja, dies *ist* möglich – aber dafür muss der Mensch sich wirklich Mühe machen. Er muss es wollen, und er hat dann eine große innere Aufgabe vor sich...

Zum einen muss der Mensch eine innige Sehnsucht danach empfinden, die einmal erlebte Kraft der Liebe in sich zu bewahren und zu behüten. Nur dann wird sie ihm *bleiben*, selbst da, wo sie sich verwandelt. Andernfalls wird sie ihn nach und nach wieder verlassen, weil er ihrer nicht würdig war... Die Liebe, um die nicht gerungen wird, nachdem sie sich zunächst wie von selbst geschenkt hat, zieht sich leise wieder zurück. Sie schenkt sich nur dem dauerhaft, der bereit ist, um sie zu kämpfen, zu ringen, sein Inneres zu verwandeln, sich zu entwickeln...

Wir sprechen hier zum ersten Mal von der Liebe als einem Subjekt, einem selbstständigen „Phänomen", das gleichsam auch selbst handelt. Aber wenn wir unsere eigenen Lebenserfahrungen ernst nehmen, können wir eigentlich kaum anders, als so zu sprechen. Es gibt in richtiger Weise die eigenen Erfahrungen wieder.

Man muss und sollte über diese Frage überhaupt nicht streiten. Man kann natürlich auch auf dem Standpunkt stehen, dass man es nur selbst ist, der die Liebe hervorbringt – bzw. dass es der andere Mensch ist, der sie in einem erweckt: Der andere Mensch ist ganz wie von einem Zauber umgeben. Es wäre fast eine Kunst, ihn nicht zu lieben; ihn zu lieben, ist kein Wunder. Ihn lieben zu *dürfen*, ist ein Wunder; von ihm vielleicht wieder geliebt zu werden, das größte Wunder...

Aber trotz allem geschieht es doch oft schnell, dass ein solcher Zauber wieder verschwindet, selbst eine solche Liebe wieder erkaltet. Vielleicht, weil man sich an manchen Reiz gewöhnt; vielleicht weil man manches entdeckt oder nach und nach erlebt, das nicht ganz den eigenen idealen Erwartungen oder Sehnsüchten entspricht.
Doch ist dies einfach nur ein „seelischer Naturvorgang", der schlicht der eigenen Nachlässigkeit oder Desillusionierung geschuldet ist? Oder kann man es nicht auch so auffassen und denken, dass nicht nur dies allein wirksam ist, sondern dass auch *die Liebe selbst* etwas Wesenhaftes ist, ein Wesen hat und *sich* zurückziehen kann, wenn man seiner nicht mehr würdig ist oder sich nicht mehr aufrichtig genug darum bemüht?
Dann wäre es von Anfang an nicht *nur* das wunderbare Wesen des innig geliebten anderen Menschen, der in der eigenen Seele das Beste aufruft, sondern zugleich auch das Wesen der Liebe selbst...

Dann wäre es vielleicht sogar dieses Wesen der Liebe selbst, das die wunderbaren Seiten des anderen Menschen so umfassend sichtbar werden ließ... Dann wäre die Liebe nicht ein Mysterium, das nur mit dem geliebten Wesen verbunden ist, sie wäre zugleich *selbst* das größte Mysterium; ein real existierendes, ja ein real handelndes Mysterium...

Wir können es hier zunächst offen lassen, was es im tiefsten Grunde ist, was Menschen zusammenführt. Dennoch können wir einmal die vielleicht wunderbarste und wahrste Beschreibung des Wesens der Liebe auf uns wirken lassen und werden erkennen, dass Paulus im Korintherbrief wirklich von einem vollkommen realen, eigenen Wesen der Liebe zu sprechen scheint:

Die Liebe ist langmütig und freundlich, die Liebe eifert nicht, die Liebe treibt nicht Mutwillen, sie bläht sich nicht auf, sie verhält sich nicht ungehörig, sie sucht nicht das Ihre, sie lässt sich nicht erbittern, sie rechnet das Böse nicht zu, sie freut sich nicht über die Ungerechtigkeit, sie freut sich aber an der Wahrheit; sie erträgt alles, sie glaubt alles, sie hofft alles, sie duldet alles.
(1. Korintherbrief 13, 4-7).

*

Die erste Bedingung, die wir oben nannten, um die Liebe in der eigenen Seele zu behüten, war eine innige *Sehnsucht* danach, diese einmal erlebte Kraft in sich zu bewahren.

Die zweite Bedingung ist noch weitergehend: Es ist die Bedingung, diese einmal erlebte Kraft zu *entwickeln*; immer mehr ihr Wesen zu erkennen.

Diese beiden Aspekte werden hier gemeinsam genannt, weil sie letztlich dasselbe bezeichnen: Es gehört gerade zum Wesen der Liebe, dass es immer weiter entwickelt werden will. Wer sich um das Wesen der Liebe nicht bemüht – und dazu *gehört* seine fortwährende Vertiefung –, von dem zieht es sich scheu wieder zurück...

In diesen Zusammenhang gehört ein Gleichnis aus dem Neuen Testament, das immer wieder Fragen nach seinem richtigen Verständnis aufwarf und für viele Menschen einen Stein des Anstoßes bildet:

> Denn es ist wie bei einem Menschen, der außer Landes reiste, seine eigenen Knechte rief und ihnen seine Habe übergab: Und einem gab er fünf Talente, einem anderen zwei, einem anderen eins, einem jeden nach seiner eigenen Fähigkeit; und reiste außer Landes. Sogleich aber ging der, welcher die fünf Talente empfangen hatte, hin und handelte mit ihnen und gewann andere fünf Talente. So auch, der die zwei empfangen hatte, auch er gewann andere zwei. Der aber das eine empfangen hatte, ging hin, grub ein Loch in die Erde und verbarg das Geld seines Herrn.
> Nach langer Zeit aber kommt der Herr jener Knechte und rechnet mit ihnen ab. Und es trat herbei, der die fünf Talente empfangen hatte, und brachte andere fünf Talente und sagte: Herr, fünf Talente hast du mir übergeben, siehe, andere fünf Talente habe ich dazugewonnen. Sein Herr sprach zu ihm: Recht so, du guter und treuer Knecht! Über weniges warst du treu, über vieles werde ich dich setzen; geh hinein in die Freude deines Herrn. Es trat aber auch herbei, der die zwei Talente empfangen hatte, und sprach: Herr, zwei Talente hast du mir übergeben; siehe, andere zwei Talente habe ich dazugewonnen. Sein Herr sprach zu ihm: Recht so, du guter und treuer Knecht! Über weniges warst du treu, über vieles werde ich dich setzen; geh hinein in die Freude deines Herrn.
> Es trat aber auch herbei, der das eine Talent empfangen hatte, und sprach: Herr, ich kannte dich, dass du ein harter Mann bist; du erntest, wo du nicht gesät, und sammelst, wo du nicht ausgestreut hast; und ich fürchtete mich und ging hin und verbarg dein Talent in der Erde; siehe, da hast du das Deine. Sein Herr aber antwortete und sprach zu ihm: Böser und fauler Knecht! Du wusstest, dass ich ernte, wo ich nicht gesät, und sammle, wo ich nicht ausgestreut habe? So solltest du nun mein Geld den Wechslern gegeben haben, und wenn ich kam, hätte ich das Meine mit Zinsen erhalten. Nehmt ihm nun das Talent weg, und gebt es dem, der die zehn Talente hat! Denn jedem, der hat, wird gegeben und überreichlich gewährt werden; von dem aber, der nicht hat, von dem wird selbst, was er hat, weggenommen werden. Und den unnützen Knecht werft hinaus in die äußere Finsternis; da wird das Weinen und das Zähneknirschen sein.
> (Matthäus 25, 14-30)

Man kann dieses Gleichnis auf alle Talente und Fähigkeiten beziehen, die dem Menschen zunächst gegeben und geschenkt sind. Insbesondere aber können wir es hier auf die Liebe beziehen, die doch wahrhaft zunächst ein unendliches Geschenk ist. Wenn der Mensch sie aber nicht entwickelt, vertieft, verwandelt, so wird ihm schließlich alles genommen werden, was ihm gegeben war...

Wenn wir es so betrachten, können wir lernen, dies nicht als ungerecht zu empfinden, sondern uns gerade immer mehr unserer eigenen Verantwortung bewusst zu werden und diese wirklich zu empfinden. Dann kehrt sich eigentlich alles vollkommen um: Ungerecht ist es gegenüber der Liebe selbst, nicht zu behüten, was einem anvertraut war.

Um aber die Liebe behüten zu können, muss man ihr Wesen erkennen: Sie will wachsen, sie will sich weiten, ausdehnen, vertiefen. Um sie zu hüten, muss man lernen zu opfern. Um die Liebe zu hüten, muss man gewissermaßen lernen, Liebe dazu zu fassen, in ihrem Dienst zu stehen. Man muss immer mehr lernen, die Liebe selbst zu lieben. Dann erwacht der Wille und auch das Vermögen, seinen (egoistischen) Eigen-Willen zu opfern, immer mehr...
Gemeint ist nichts anderes, als dass ein Wille erwacht, den man als den ureigenen tiefsten Willen empfindet und der zugleich nichts anderes will als das, was die Liebe selbst will und wollen würde.
Man wird dann sozusagen ein Diener der Liebe, und dies bedeutet einem das Höchste. Und wahrhaftig – die Liebe erniedrigt nicht, sie erhöht. Sie selbst schenkt sich und opfert sich allem hin, und in ihrem Dienst wird man ihr ähnlich, aber etwas Höheres ist dem Menschen nicht erreichbar, denn die Liebe *ist* das Höchste – dies wird immer mehr zu einem realen Erleben...

*

Das reale Erleben der wahren Christen wiederum – der Menschen, die das Christentum in der eigenen Seele wahr machten –, war und ist es, dass dieses reale Wesen der Liebe wiederum mit einem realen Gotteswesen verbunden ist, ja in tiefster Hinsicht dessen eigenes Wesen *ist*.

Um dies erleben zu können, muss man sich von unzähligen Vorstellungen befreien, die sich vor eine reine Erkenntnis dieses Gotteswesens schieben – unzählige Geschehnisse der historischen Kirchenentwicklung und des historischen „Christentums"; unzählige damit verbundene Dogmen, die alles lebendige Erleben verunmöglichen und in unwahre Richtungen abbiegen wollen.

Wenn man sich aber von all diesen Hemmnissen befreien kann, dann gibt es nichts Wesentlicheres – und auch nichts *Befreienderes* – als die innere Beziehung zu diesem Gotteswesen. Und dann wird man aus ganzem Herzen wie Paulus sprechen können:

Nicht ich, sondern CHRISTUS in mir...

***

Viele Menschen sehnen sich nach einer besseren Welt und haben auch deutliche Vorstellungen, wie eine solche aussehen würde. Wir wissen, was das Gute ist – und wir sehnen uns danach. Doch tun wir es stark genug? Nein...

Das Gute wirklich zu ersehnen, in voller Stärke, würde bedeuten, das Gute zu *tun*. Es würde bedeuten, ein wahrhaft guter Mensch werden zu wollen. Und dieses *Wollen* würde kein bloßes Wünschen sein, keine bloße Sehnsucht – es würde ein entschiedenes Streben, ein entschlossener Krafteinsatz sein, um eine wirkliche *Entwicklung* zu beginnen und durchzumachen.

Man kann das Gute, eine bessere Welt, eine gute Welt ersehen. Aber diese Sehnsucht ist nur dann ganz und gar wahrhaftig, wenn man selbst alle Kräfte dafür einzusetzen bereit ist – und nicht nur bereit ist, sondern auch nicht zögert, es wirklich zu tun. Wenn man alle Kräfte dafür einsetzt...

Und hier geht es vor allem um die Arbeit an sich selbst. Wenn wir wirklich eine Welt ersehnen, in der das Gute sich entfaltet, so müssen wir in voller Aufrichtigkeit bei uns und unserer Selbsterkenntnis beginnen. Das Gute wahrhaft wollen, heißt zunächst vor allem, zu erkennen, wo überall *wir selbst* die Kräfte des Guten nur sehr mangelhaft, nachlässig, halbherzig oder überhaupt nicht entfalten. Das Gute wahrhaft zu ersehnen, heißt also zunächst, zu erkennen, wo überall wir nicht gut sind...

Jeder Mensch pflegt bewusst oder unbewusst gern ein sehr positives Selbstbild. Wenn wir aber die innere Kraft, mit der wir dieses Selbstbild pflegen, einmal mit Mut und Wahrhaftigkeit darauf richten würden, zu erkennen, in welchem Ausmaß wir den wirklichen, den realen, den umfassenden Willen zum Guten *verfehlen* – so würden wir einen ungeheuerlichen, einen unsagbar wertvollen Schritt in der Selbsterkenntnis tun.
Fassen wir einmal den Willen, uns selbst nicht zu schonen, sondern der Wahrheit ohne jeden Selbstbetrug ins Auge zu blicken. Wir wissen, was das Gute ist. Durchdringen wir uns einmal tief und ganz bewusst mit diesem Wissen von dem wahrhaft Guten, dem Wissen vom Wesen der Selbstlosigkeit ... und dann schauen wir uns mit *diesem* wahrhaftigen Auge selbst an...
Der Weg zum realen Guten beginnt mit der Selbstlosigkeit in der Selbsterkenntnis. Indem wir lernen, uns selbst nicht zu schonen, sondern die Wahrheit stärker zu lieben als jegliches Selbstbild, haben wir den Weg zur Selbstlosigkeit wahrhaft betreten.
Wenn wir lernen wollen, das Gute, die Selbstlosigkeit, wirklich zu lieben, so müssen wir beginnen, sie da zu lieben und zu entfalten, wo sie notwendig ist, um uns von jeglichem Selbstbetrug zu heilen.

Das Gute im allgemeinen und abstrakt zu lieben, ist nicht schwer. Man liebt dann das Gute, aber man glaubt sich selbst auch bereits ziemlich „gut". Wenn man sich selbst bereits für einen ziemlich guten Menschen hält, ist die Liebe zum Guten leicht – und dann letztlich nichts anderes als zugleich eine ziemlich große Selbstliebe. Denn wenn ich das Gute liebe und zugleich meine, ein guter Mensch zu sein – was liebe ich dann eigentlich? Ich liebe zugleich mich selbst, denn bin ich nicht ein so guter Mensch? Wenn alle so handelten wie ich, wie gut wäre dann die ganze Welt!

Solche Gedanken sind der Tod des Guten ... und die Geburt von Hochmut, Eigenliebe und Selbstbetrug. – Selbst wenn man wirklich ein besserer Mensch wäre als viele andere – kommt es darauf an, ein besserer Mensch als viele andere zu sein, oder das Gute wahrhaft zu lieben? Wenn es aber darauf ankommt, das Gute wahrhaft zu lieben, wie könnte dies jemals etwas anderes bedeuten, als innerlich und äußerlich *tätig* zu werden? Das Gute zu lieben, bedeutet doch nicht, sich selbst zu loben. Wer sich selbst lobt, wird innerlich blind und faul. Notwendig ist das Gegenteil... Es sind Aufrichtigkeit und Demut, die zur wahren Liebe des Guten führen: Sich für nichts zu schade sein; sich auf nichts etwas einbilden; sich niemals loben, sondern immer wieder neu streben und handeln – das ist die wahre Liebe zum Guten!

Wir sehnen uns vielleicht danach, ein guter Mensch zu werden. Aber sehnen wir uns auch danach, ein *selbstloser* Mensch zu werden? Wenn nicht, bleibt die Vorstellung „guter Mensch" zu abstrakt.

Wann ist man ein guter Mensch? Wenn man recht viel Gutes tut? Die Vorstellung vom „guten Menschen" ist bequem. Man kann sich eine Anzahl guter Taten denken und im Wesentlichen doch der alte Mensch bleiben. Die Vorstellung passt sich wunderbar an; man braucht eigentlich nichts verändern, außer ein paar Taten, und vielleicht nicht einmal das. Wenn wir uns vorstellen, dass wir schon ein guter Mensch sind, brauchen wir es nicht einmal mehr werden...

Der Begriff der Selbstlosigkeit dagegen ist nicht so „verfügbar" – er passt sich nicht an. Wenn wir ein selbstloser Mensch werden wollen, müssen wir wirklich etwas tun – wir müssen selbstlos werden... Die Frage, ob man „ein guter Mensch" ist, scheint mit so-und-so-vielen guten Taten erfüllbar zu sein. Der Begriff der Selbstlosigkeit dagegen ist unbestechlich – er verweigert sich jeder Quantität oder Relativität. Entweder – oder... Wenn man ein selbstloser Mensch werden will, *kann* man nicht der alte Mensch bleiben. Das Maß, in dem man noch der alte Mensch bleibt, gibt gerade das Maß an, in dem man noch *nicht* selbstlos ist.

Aber wer möchte heute überhaupt ein selbstloser Mensch werden? – Daran können wir sehen, wie *wenig* wir uns wirklich nach dem Guten sehnen... Man kann zwar eine unverbindliche Sehnsucht haben, doch Opfer möchte man nicht bringen. Selbst in der Sehnsucht nach einer guten Welt steckt noch unendlich viel Eigenliebe. In und mittels dieser Sehnsucht träumt man zugleich davon, dass man selbst einen guten Willen hätte. Man träumt seinen eigenen guten Willen, aber die wirkliche Bereitschaft zur inneren Verwandlung ist gar nicht da.

Und doch gibt es Wege, den wirklichen Willen zu dieser inneren Verwandlung zu entzünden...

*

Besinnen wir uns erneut auf diejenige innere Seelenstimmung, die in uns erwacht, wenn wir an die erste oder die heiligste Liebe zurückdenken, die wir je empfunden haben. Wenn wir jemals einen Menschen so geliebt haben, dass wir jeden Selbstbezug völlig vergessen haben; dass wir alles für den Anderen hätten tun wollen; dass das Wesen des *Anderen* gerade die Erfüllung all unseres Sehnens und Wollens gewesen ist – so kennen wir das Geheimnis der Selbstlosigkeit.

In der Liebe ist die Selbstlosigkeit das höchste Glück; es ist die Fähigkeit der Liebe selbst. Wer wahrhaft liebt, *ist* im Zustand der Selbstlosigkeit. Dieser Zustand ist gerade das Glück, denn der Mensch darf schenken und er vermag es – er schenkt sich selbst und seine Gefühle; sie strömen nicht mehr fortwährend in sich selbst und unter Bezug auf sich selbst, sondern sie strömen dem *Anderen* zu. Welch unendliches Glück! Geben ist seliger denn Nehmen – welche Wahrheit offenbaren diese Worte, wenn der Mensch, der liebt, sie selbst erfährt...

Indem wir uns derjenigen heiligen Liebe erinnern, die wir einmal empfunden haben, können wir in uns die wirkliche Sehnsucht nach dieser Liebe erwecken – und dadurch schließlich diese Liebe selbst.

Einst konnten wir diese heilige Liebe in uns tragen, weil der geliebte andere Mensch selbst uns gleichsam heilig war. Nun können wir sie wiederum in uns entzünden und in uns tragen, wenn

wir lernen, auch andere Menschen und Bereiche der Welt gleichsam heilig zu halten, innig lieben zu lernen.
Wo auch immer wir ansetzen – das Ziel ist die heilige Liebe.

Wir können bei dem einen, innig geliebten Menschen ansetzen, uns auf sein Wesen besinnen und in heiliger Ehrfurcht vor seinem Wesen die heilige Seelenstimmung der innigen Liebe und Selbstlosigkeit in uns entzünden – nicht nur auf ihn gerichtet.
Es ist sogar möglich, einen solchen innig geliebten Menschen auch nur in seiner Phantasie zu „kennen". Auch eine idealisierte Vorstellung kann, ernst genug im Herzen getragen, die besten Willensimpulse in der eigenen Seele entzünden. Wenn man bewusst so handelt, *als ob* man im Angesicht jenes Menschen handelte, den man heilig lieben würde, macht es keinen Unterschied, ob ein solcher Mensch wirklich aktuell existiert oder „nur" in der Vorstellung anwesend ist. Der wirkliche Mensch ist auch nicht immer bei uns – und dann kommt es ebenfalls darauf an, ob wir ihn dennoch weiter bei uns haben oder nicht, ob wir sein Bild und sein Wesen in uns tragen.
Es kommt auf unseren eigenen „heiligen" Willen an, wie auch immer wir ihn erwecken...

Wir können bei der heiligen Liebe selbst ansetzen. Dann ist es nicht ein anderer Mensch, durch den wir unseren Gedanken, Gefühlen und Willensimpulsen die Richtung der „Heiligkeit" geben, sondern dann stimmen wir unsere Seele und die in ihr lebenden Empfindungen durch eine unmittelbare Besinnung auf das heilige Wesen *der Liebe selbst*.
Wir könnten uns zum Beispiel vorstellen, dass es die Liebe selbst ist, die auf unser Tun hofft und wartet... Wir können uns vorstellen, dass die Liebe selbst die Gestalt der wunderschönen Jungfrau oder des wunderschönen Prinzen hat und darauf hofft und wartet, dass wir *das Gute* tun. Wir können auch andere Vorstellungen zu Hilfe nehmen – die Vorstellungen vom höchsten Gotteswesen; Vorstellungen der heiligsten Bilder des Evangeliums. All diese Vorstellungen führen uns tiefer in das Mysterium der *wesenhaften* Liebe hinein.

Immer mehr können wir lernen, Liebe nicht als etwas Nebelhaftes, Allgemeines aufzufassen, sondern als etwas, was ebenso konkret ist wie ein Mensch – unendlich konkret, wesenhaft...

Wir können auch bei irgendeinem Bereich der Welt ansetzen. Unsere Welt ist ein unendliches Wunder, und sie umfasst eine unsagbare Fülle von Wundern. Wir können uns auf die unendliche Schönheit der Natur besinnen, auf etwas sehr Konkretes, was unsere tiefe Liebe und Ehrfurcht, unser starkes Verantwortungsgefühl erwecken kann. Auch hier können wir unsere Empfindungen wieder so stark wie möglich vertiefen – und dann versuchen, aufrecht zu erhalten, in unser ganzes Sein und Handeln hineinzutragen.
Auch hier kommt es darauf an, nicht nur dann „ein guter Mensch" zu sein, wenn wir unmittelbar im Anblick der erhabenen Natur stehen oder solange wir uns das unschuldige Wesen eines wehrlosen Rehs oder eines anderen Tieres vorstellen – sondern dass wir *dieses* Bewusstsein und dieses Empfinden auch dann nicht verlieren, wenn wir wieder im Alltag unserer Familie, des Stadtlebens, des Büros stehen...

Wir können auch beim Tod ansetzen – an dem Punkt, den wir sonst immer am entschlossensten und erfolgreichsten verdrängen. Wir können uns der absoluten Vergänglichkeit unseres Leibes und dieses Lebens bewusst werden – und gerade daraus die Kraft schöpfen, uns die absolute Zeitlichkeit und Sinnlosigkeit jeder Selbstbezogenheit und Veräußerlichung bewusst zu machen.
Dieses Leben dauert nicht lange, die Jahre, die uns noch bleiben – selbst wenn es noch viele sind, und wer vermag das zu sagen? –, sie werden letztlich wie im Fluge vergehen. Und was wird uns *wirklich* bleiben? Was wird wirklich vor der Ewigkeit Bestand haben, was wird Ewigkeitswert haben, was wird in letzter Hinsicht überhaupt Sinn in sich tragen? Was ist es, was wir an der Schwelle des Todes *nicht* ablegen müssen – gibt es etwas, was jenseits dieser Schwelle bleibend sein wird...?
Indem wir diese Fragen tief und immer tiefer besinnen, nicht nur einmal, sondern immer wieder, werden wir die zarten Keime der Selbstlosigkeit nähren und kräftigen.

Die Liebe und der Tod – sie lassen den Menschen selbstlos werden. Dann aber findet der Mensch sowohl *sein* wahres Wesen als auch das Wesen des anderen Menschen und der Welt – und auch das wahre *Leben*.
Wir müssen es wagen, zu sterben; wir müssen diejenigen Wege finden, auf denen wir unserer Selbstliebe und unserem falschen Eigenwesen absterben können – und wir werden wahrhaft leben und uns wahrhaft finden.

***

Wo wir gerührt werden, wo wir tief innerlich berührt werden, da erwacht etwas von unserem wahren Wesen. Nur – wo *lassen* wir uns noch rühren? Wo ist es noch möglich, dass unser Herz oder unsere Seele Rührung empfindet...? Können wir unsere Seele der Außenwelt so öffnen, dass sie sich wieder rühren *lässt*?

Kann nicht unendlich vieles die Seele tief berühren, wenn sie nur tief genug *wahrnimmt* und wir das, was wir wahrnehmen, nur tief genug in uns einlassen und empfinden?
Jede *Hoffnung* zum Beispiel ist etwas Berührendes ... und wieviel Hoffnung trägt jeder Mensch in sich! Wie oft leuchtet sie in dem Blick eines Menschen – und wie oft lebt in den Blicken auch Enttäuschung, Verletzung, Traurigkeit... Wie sehr könnte man sich von all diesen Momenten rühren lassen... Wie viele einzigartige Momente, wie viele einzigartige Menschen erleben wir an jedem einzelnen Tag!
Ist nicht schon jede Blüte ein Wunder? Jeder Vogel, der auf einem Ast sitzt und singt? Wie verletzlich ist dieser kleine Vogelleib! Wie wunderschön und wie unendlich vergänglich ist so eine kleine Blüte... Können wir den Weg wiederfinden, uns von diesen Wahrnehmungen wieder berühren zu lassen? Können wir wieder lernen, die *Vergänglichkeit* und die innige *Schönheit* zu empfinden? Das Zarte, das Einzigartige jedes Momentes und jedes Wesens zu erleben?

Wenn wir uns berühren lassen, offenbart die Welt ihre Wunder. Und indem unser Herz wieder empfindsam wird, gewinnt es ein

Leben, das es zuvor nicht (mehr) hatte. Hier ereignet sich ein weiteres Wunder: Das Herz, das gestorben war, erwacht zu einem neuen Leben; das Herz, das verhärtet war, wird wieder weich, empfindsam, berührbar...

Wer wahrhaft nach dem Wesen des Menschen sucht, wird es nur in dieser Richtung finden. Wie kann man je meinen, Sinn und Ziel des Menschseins läge in einem äußerlich erfolgreichen Leben, das durch Härte und Unempfindlichkeit, Abgeklärtheit und Durchsetzungskraft erreicht wird? Wie kann man meinen, das wahre Menschsein ließe sich *überhaupt* in äußerem Erfolg, Wohlstand oder Luxus finden? Es lässt sich nur im inneren Leben der Seele und des Geistes finden – in einem immer reicheren, immer empfindsameren und in immer größere Tiefen und Höhen reichenden *Leben* der Seele und des Geistes...

Dort, wo Seele und Geist nicht leben, haben wir überhaupt kein Leben – haben wir nur die Illusion von Leben. Und wie machtvoll lässt sich der Mensch von dieser Illusion oft verführen! So vieles gaukelt ihm „Leben" vor: Erfolg, Sex, Unterhaltung, Abwechslung, Macht, Luxus, Technik, digitale Medien, Alkohol, Drogen, Sinnesreize. Stimulationen aller Art ... aber kein *Leben*. Leben des Körpers und des niederen Teiles der Seele, ja – aber nicht Leben des *Menschen*.

Das in äußeren Stimulantien sich erschöpfende Lebens-Gaukelspiel ist nur Leben des in Selbstsucht verbleibenden Körper-Seele-Menschen. Das Leben des höheren Teiles der Seele und das Leben des Geistes wird auf diese Weise gerade getötet. Der wahre *Mensch* wird auf diese Weise gerade begraben und versklavt...

Man braucht sich gegen eine solche Vorstellung bzw. Erkenntnis gar nicht zu wehren. Man kann *selbst* zu dieser Erkenntnis kommen. Fühlen wir nur einmal wirklich, was es heißt, sich innerlich berühren zu lassen – sich wahrhaft berühren zu lassen von einem zarten, verletzlichen Vogelleib; von einem Blick eines unbekannten Menschen, in dem Hoffnung zu erleben ist; in dem Traurigkeit zu erleben ist. Fühlen wir es einmal wirklich! Und dann fühlen wir, wie hier das *Menschliche* lebt – in Mitfreude, in Mitleiden, im tiefen Mit-Leben... Und dann fühlen wir einmal wirklich, was das gewöhnliche Leben mit dieser unendlich wertvollen Fähigkeit macht! Wie es sie begräbt...

Ein großer Teil der äußeren Welt ist darauf gerichtet, diesen langsamen Tod der Seele nicht fühlbar werden zu lassen. Dazu gehört der gigantische Bereich der *Werbung*. Eine ungeheure Maschinerie wird in Bewegung gesetzt, um die Illusion des Lebens zu erzeugen – auch die Illusion des „wahrhaft menschlichen Lebens", die Illusion von Mitfreude und Mitleiden, von Freundschaft, von Liebe.

Wir alle kennen die Millionen Euro teuren Werbespots, in denen das „Coca-Cola-Leben" nur so sprüht, in der sich gut aussehende, sympathische Menschen vor Glück, Lebensfreude und gegenseitiger Zugewandtheit kaum noch retten können...

Aber alle Werbespots können nicht darüber hinwegtäuschen – hinwegtäuschen schon, aber nichts an der Wahrheit ändern –, dass wirkliches Glück, tiefes und wahrhaftiges Glück nur da zu finden ist, wo es die Probe der Selbstlosigkeit besteht... Wie sehr sind wir *wirklich* fähig, einem anderen Menschen zuzuhören, ihm unsere Seele zu öffnen, sein Wesen in uns aufzunehmen? Können wir wirklich mit einem anderen Menschen innerlich mitleben?

Oder sind wir letztlich vom anderen Menschen ganz getrennt? Haben wir nie wirklich tief mitempfunden mit dem, was ein *anderer* Mensch erlebt – und haben es auch nie erlebt, dass *wir* uns tief verstanden fühlen? Sind wir als Menschen voneinander getrennte Monaden, die nie eine wahrhafte Brücke zueinander finden, die immer durch Abgründe voneinander getrennt scheinen?

Wir alle kennen nette, unterhaltsame, gesellige Partys, in denen man sich mit netten, auch unbekannten Menschen gut unterhalten kann. Doch wie sehr lernen wir dabei einen Menschen wirklich kennen? Wie sehr öffnen wir uns selbst? Wir können auf diese Weise einen, ja viele, sogar unzählige „nette Abende" haben – aber je mehr wir davon erleben, desto deutlicher werden wir erfahren, dass diese Art von Leben nicht die tiefe Erfüllung geben kann.

Eine Party ist geradezu ein Sinnbild für das gesamte äußere Leben, das dem Menschen nicht die Erfüllung seiner wahren Sehnsucht geben kann. Wie tief muss eine menschliche Begegnung sein, damit man einen anderen Menschen wirklich kennenlernt, sein Wesen zu empfinden und zu berühren beginnt? Wie still muss die äußere Welt sein, wenn sich eine wahrhafte Begegnung zwischen zwei Menschen ereignen soll? Muss die äußere Welt nicht geradezu gleichsam verschwinden – und ist alles andere nicht vor allem *Illusion* von Begegnung, oder aber bloße Oberfläche?

Natürlich, gemeinsame Kinofilme, gemeinsame Aktivitäten und Eindrücke aller Art verbinden in gewisser Weise – aber inwieweit geht dies über ein gemeinsames Erleben hinaus? Und was ist ein solches eigentlich wert? Ist es überhaupt ein gemeinsames Erleben? Und worin besteht die Begegnung...?
Inwieweit ist es uns möglich, die individuellen Erlebnisse zu teilen? Die äußeren Erlebnisse hat man geteilt – aber inwieweit kann man dann auch das teilen, was man innerlich erlebt hat? Und wenn es schon schwer ist, einander zu offenbaren, was man an einem Film, an einem Ausflug, während einer gemeinsamen Reise usw. wirklich erlebt hat – wie schwer ist es erst, noch wesentlich tiefer zu gehen?

Was sind die tieferen eigenen Empfindungen des Lebens? Was sind die eigenen Träume, Hoffnungen, Willensimpulse? Was ist eigentlich das Innerste, das man in sich trägt? Weiß man es selbst? Kann man es mit irgendjemandem teilen? Was müsste geschehen, damit dies möglich werden würde?
Was wollen wir eigentlich im Leben? Was ist für uns die Essenz *unseres* Lebens? Wenn wir die Bedeutung, den Sinn und die tiefe Sehnsucht unseres Lebens bezeichnen sollten – was würden wir dann sagen können? Welchen Raum und Stellenwert würden dann Filme einnehmen, Partys, Reisen? Welchen Raum und Stellenwert Erfolg, Sicherheit, Luxus? Was wäre noch wichtig?
Was wollen wir im Leben? Glück? Freude? Genuss? Erfolg? Bewunderung? Was sind unsere Motive? Was sind unsere Ziele? Was ist für uns bedeutsam? Und was macht unser Leben im höheren Sinne *menschlich*?

Was in unserem Leben hat vor einem höheren Blick Bestand, erweist sich vor einem höheren Blick als sinnerfüllt, als wertvoll...?

*

Mit solchen Fragen kommen wir wiederum in einen Bereich, wo unmittelbar deutlich werden kann, dass die Frage des Menschenbildes von entscheidender Bedeutung ist.

Wenn man sich über die Frage, was nach dem Tod folgt, keine oder aber nur vage, nebulöse Gedanken macht – oder wenn man davon ausgeht, das nach dem Tod nichts weiter folgt, sondern dass dann alles zu Ende ist –, bekommen Fragen wie die eben gestellten eine merkwürdige Gestalt. Auch sie erscheinen dann nebulös oder seltsam, vielleicht sogar sinnlos.

Man kann zwar aus einer gewissen „humanistischen Grundeinstellung" – woher auch immer diese stammt – gewisse Überzeugungen davon haben, was moralisch und daher wertvoll sei. Doch wenn man keine bestimmten Anschauungen über etwas sicher über den Tod Hinausgehendes hat, bleibt bereits das Wesen und der Ursprung des Moralischen selbst ein Rätsel – und dies wird nur deshalb nicht stark empfunden, weil man sich darüber keine großen Gedanken macht...

Ohne klare Vorstellungen vom Wesen des Menschen einen Begriff vom „Menschlichen" zu haben – und davon, was dem Leben in höherem Sinne Wert gibt –, reduziert und verhaftet diesen Begriff vom „Menschlichen" im Wesentlichen auf tradierte Moralbegriffe und unklare Empfindungen.

Die Frage, was im Leben wahrhaft wertvoll ist, hängt zutiefst vom gesamten Menschen- und Weltbild ab! Und vielleicht *noch* stärker von diesem abhängig ist die Frage, inwieweit die Antworten auf diese erste Frage nicht nur Vorstellung bleiben, sondern wirklich in das eigene Leben eingreifen, zu realen Willensimpulsen und Handlungen werden.

Wie sähe unsere Welt aus, wenn „Moral" nicht nur eine Ansammlung gewisser, relativ unverbindlicher Vorstellungen wäre, die dem Selbstbetrug und der Scheinheiligkeit Tür und Tor öffnen – sondern etwas, das volle Wahrhaftigkeit fordert und reale Kraft besitzt?
Wie könnte ein bloßes Gefühl oder eine bloße Vorstellung „Man sollte so-und-so handeln" jemals die Kraft geben, dies auch zu *tun*? O ja, da, wo es Viele tun, oder da, wo es nicht weh tut, ist man gerne „moralisch" und ein „guter Mensch" – wer würde nicht gerne sein Selbstbild in dieser Weise aufwerten und aufhellen, wenn es so leicht zu machen ist? Aber was ist mit all den Fällen, wo man bei etwas Besinnung ebenfalls zu dem Gefühl und der Vorstellung käme: „Ich sollte so-und-so handeln" – aber wo es *nicht* Viele tun und wo es weh tut, unbequem ist? Wer ist auch dann noch moralisch, wenn das individuelle moralische Handeln Selbstlosigkeit und Opferbereitschaft zu fordern beginnt?

Dies ist nur unter zwei Bedingungen möglich: Ein Mensch kann durch seine Erziehung oder durch sein Wesen ein ungewöhnliches Maß an Selbstlosigkeit und Opferbereitschaft besitzen. Oder er kann aufgrund einer Sehnsucht danach bewusst einen inneren Entwicklungsweg betreten, auf dem er seine Seele selbst zur Selbstlosigkeit *erzieht*. Einen Weg der Läuterung der eigenen Seele...
Ein solcher Schritt ist aber ohne ein vertieftes, klares Menschenbild nahezu unmöglich. Bewusst kann ein Mensch einen inneren Weg der Selbsterziehung im Grunde nur betreten, wenn er zumindest erkennt und erlebt, dass eine solche Selbsterziehung eine reale Möglichkeit ist – und dass auch die Seele eine Realität ist, denn was sonst sollte oder müsste geläutert werden? Und ebenso müsste der Mensch erleben, dass das Moralische etwas absolut Reales ist – und dass sein eigenes Wesen sich nach einer Verbindung mit diesem realen Moralischen sehnt, was gerade die Sehnsucht nach Läuterung ist.

In diesen wenigen Aspekten der Selbsterkenntnis liegen schon unendlich bedeutsame Implikationen in Bezug auf das Menschen- und Weltbild. Und erst in einem so klaren Erleben sowohl des eigenen Seelenwesens als auch der Realität derjenigen Sphäre, nach der dieses Seelenwesen sich in seinen besten Impulsen sehnt, kann der bewusste und starke Wille zur realen moralischen Vertiefung, zur inneren Selbsterziehung erwachen und sich immer wieder erneuern.

Wenn das Wesen des Menschen und das Wesen des Moralischen erkannt und erlebt zu werden beginnt, wird auch die Kraft geboren, es mehr und mehr zu *verwirklichen*. Und umgekehrt muss gesagt werden: Solange der Mensch noch nicht den Weg der inneren Läuterung betreten hat, hat er sein eigenes wahres Wesen noch gar nicht wahrhaft erkannt...

***

Wir können von der Seele des Menschen und von seinem wahren Wesen nicht hoch genug denken. Alle Begriffe, die wir zunächst haben und die unseren Alltag ausmachen, reichen nicht aus, um zu einem Erleben allein schon des wahren Wesens der Seele zu kommen – von dem, was über sie vielleicht noch hinausgeht, ganz zu schweigen...

Wir müssen dahin kommen, immer mehr zu empfinden, wie *profan* die gewöhnliche Welt ist – wie *gewöhnlich*, im traurigen Sinn des Wortes. Das wahre Wesen des Menschen hat mit der Sphäre des Gewöhnlichen nichts zu tun, es kann in einer solchen Sphäre gewissermaßen gar nicht leben – denn es ist in jeder Hinsicht das Außergewöhnliche! Es ist das Heilige. Alles Unheilige widerspricht ihm, verbirgt es, deckt es zu, lässt es verstummen, begräbt es.

Das Wesen des Menschen hat nichts zu tun mit Steuererklärungen, Partys, Büroalltag, mit Sex, Ehekrach, Schnäppchenjagd, mit E-Bay, Tatort oder „Wer wird Millionär". In der Art, wie wir gewöhnlich im Alltag stehen, ist das Wesen des Menschen überhaupt nicht zu *finden* – es geht dabei geradezu zugrunde. Wir *selbst* richten es zugrunde, durch die Art unseres gewöhnlichen Denkens, Fühlens, Handelns, Erlebens.

Um etwas von dem wahren Wesen der Seele erleben oder auch beschreiben zu können, muss man in eine Sphäre treten, die mit diesem Wesen zu tun hat. Wir müssen lernen, mit dem Begriff des Außer-Gewöhnlichen, des Über-Gewöhnlichen, des *Heiligen* wieder etwas Reales zu verbinden. Wir müssen das Heilige wieder erleben können – wir müssen lernen, es in uns selbst zu erwecken...

Man kommt schließlich wie von selbst zu *Bildern*. Die gewöhnlichen Worte sind zu schwach, diese ganz andere Sphäre zu erfassen. Die Bilder scheinen dann wie Gleichnisse, doch sie enthalten viel *mehr* von der Wirklichkeit als alle gewöhnlichen Worte. Die Bilder enthalten *mehr* Realität als alles, was wir gewöhnlich aussprechen und denken.

*

Die Seele des Menschen gleicht einer Königin – einer unsagbar edlen, wunderschönen Königin. Ihre Schönheit und ihre Anmut ließen alle Worte verstummen. Wenn man ihr Wesen beschreiben wollte, hatte man den Wunsch, zu *singen*, es in Musik und Poesie auszudrücken. Die Liebe des Reiches zu seiner Königin war unbeschreiblich – und spiegelte doch nur ihr eigenes Wesen, ihre Liebe, ihre Schönheit...

Das Leben in ihrem Reich glich einem Märchen, es *war* ein Märchen, aber als Realität. Jeder Gedanke verkörperte das Wahre, in jedem Gefühl lebte Schönheit, alles Wollen und Tun war auf das Gute gerichtet und ließ es Wirklichkeit werden. Dies alles war das innere *Leben* des Reiches, dessen Schönheit sich in unendlicher Fülle immer wieder erneuerte. Die Königin aber war wie die Sonne, die dieses Leben nährte.

Im Reiche der Königin war das Glück eine immerwährende Wirklichkeit – nicht das bloß äußere, sondern das wirkliche Glück. Es gab keinen Mangel, denn nichts wurde als Mangel empfunden. Es gab keinen Hass, denn welchen Sinn hatte dieser? Es war nicht nur sinnlos, es war unmöglich zu hassen; man hätte es als eine Art Selbstmord empfunden... Es gab kein Unglück, denn was auch geschah, war gut und war aufgenommen in das Ganze. Alles war *geheiligt*...

Das Wesen der Königin aber war in seiner unendlichen Schönheit und Güte wie der Quell alles dessen. Jeder Blick ihres wunderbaren Wesens erweckte von neuem die besten Impulse. Jede unheilige Regung, wenn eine solche denkbar gewesen wäre, wäre unter ihrem sanften Blick von selbst und aus freiem Willen fromm geworden...

Doch eines Tages begann eine unheilvolle Kraft ihre Wirksamkeit im Reiche der Königin. Sie wurde von niemandem bemerkt. Absolut unmerklich jedoch begann die Kraft der Königin abzunehmen. Es war, als ob sie durch etwas geschwächt wurde – unendlich langsam, für niemanden sichtbar.

Die unheilvolle Kraft hatte Zeit, sie hatte alle Zeit der Welt... Es verging gleichsam eine Ewigkeit. Nur jemand, der das ganze ungeheure Geschehen von außen hätte verfolgen können; nur jemand, der stets alle Zeitpunkte und Zustände nebeneinander und gleichzeitig gegenwärtig hätte, hätte die Entwicklung bemerken und erleben können – alle anderen waren *Teil* dieser Entwicklung, ohne sich ihrer bewusst zu werden.

Das einst wunderbare und vollkommene Reich der Königin gewöhnte sich an die Veränderung, die es nicht wahrnahm. Niemand bemerkte, wie das innere *Leben* des Reiches unendlich langsam allmählich schwächer wurde. Wie das Wahre ein Weniges von seiner Kraft verlor; wie das Schöne in winzigen Schritten zu verblassen begann; wie das Gute ganz unmerklich schwächer wurde.

Eines Tages schließlich, nach einer sehr langen Zeit, war die Königin verschwunden. Auch dies bemerkte niemand, denn es schien noch immer eine Sonne, das Reich war noch immer durchlichtet und durchwärmt – anders als zuvor, aber der Unterschied war nicht erlebbar, denn jeder im Reich hatte bereits die gleiche Entwicklung durchgemacht. Alles, was geschah, war jeweils die Wirklichkeit. Das, was vergangen war, wurde nicht erinnert.

Vielleicht durchzog manchen eine ganz leise, traurige Erinnerung an etwas, was einmal da gewesen war, aber unaufhaltsam schwand sie, konnte nicht festgehalten werden. Zurück blieb, wenn überhaupt etwas, eine unendlich leise Traurigkeit, die nicht einmal wusste, woher sie kam, sich ihrer selbst auch gar nicht bewusst wurde...

Die Königin war immer noch da. Eines Tages hatte die unheilvolle Macht ihre Wirksamkeit begonnen und sich gleichsam unmerklich zwischen sie und ihr Reich geschoben. Diese Macht hatte unendlich langsam und leise alles durchdrungen und so immer mehr verhindert, dass das Wesen der Königin erlebt wurde. Als diese Entwicklung weit genug vorgedrungen war, wurde die Königin in eine Art Gefangenschaft geführt. An ihre Stelle trat etwas, was sie ersetzte, ohne dass man den Verlust bemerkte. Die Königin selbst fühlte sich immer mehr getrennt von ihrem Reich. Sie fühlte, wie sie gleichsam wie von einem lähmenden Nebel immer mehr umsponnen wurde; fühlte, wie sich schließlich etwas auf sie legte, wie sie im Laufe unendlicher Zeiträume schließlich zugedeckt wurde, durch eine schleichend, aber unaufhaltsam wachsende Last. Lebendig begraben – und vergessen...

Niemand erinnert sich an das Gewesene. Die wunderschöne, unendlich sanfte Königin, die einst die Lebenssonne ihres ganzen Reiches gewesen war – sie war nicht mehr da, und auch ihr Reich war nicht mehr da. Es war etwas völlig anderes geworden.

Blickte man auf das, was jetzt da war, sah man eine äußere Welt, in der Menschen ihrem Alltag nachgingen, ihre Steuererklärung abgaben, Partys feierten, sich den neuesten Tatort anschauten, Sex hatten...

*

Können wir dies als unsere eigene Entwicklung des Menschen erkennen? Können wir erahnen, dass dies nicht einfach Bilder sind, sondern dass diese Bilder gerade die *wirkliche* Entwicklung beschreiben, wie sie geschehen ist?

Können wir uns mit Hilfe dieser Bilder wieder zu einem Erleben des wahren Wesens der Seele erheben? Denn auf ein solches Sich-Erheben in eine ganz andere Sphäre kommt alles an. Wenn wir diesen entscheidenden Schritt nicht zu setzen oder aber zumindest seine Existenz zu ahnen vermögen, ist alles umsonst – dann können wir einfach so weiterleben wie bisher ... und werden die Tragik der menschlichen Seele niemals erleben.

Wenn wir aber mit Hilfe dieser Bilder etwas *erleben*; wenn wir uns von diesen Bildern berühren lassen, wenn sie etwas in uns wecken, eine *Erinnerung* – dann wird es möglich sein, einen unendlich bedeutsamen Schritt zu setzen. Dann werden wir uns *erheben* können, erheben zu einem Erleben ... des Heiligen.

Wie schwach und anfänglich dies zunächst auch sein mag: der erste Beginn dieses Erlebens ist ein unendlich wichtiger Schritt. Ahnend treten wir heraus aus dem *Gewöhnlichen* und betreten wahrhaftig eine höhere Wirklichkeit. In jeder Hinsicht ist diese andere, neue Wirklichkeit höher als die gewöhnliche. Je mehr wir uns in diese ganz andere Art des Erlebens einleben, desto mehr werden wir auch empfinden, dass dasjenige, was wir nun erleben, *wirklicher* ist als alles andere. In dem Maße, in dem wir dieses neue, höhere Erleben kennenlernen, können wir empfinden, dass auch alles Andere nur in dem Maße Sinn und Leben bekommt, wie es auch von diesen höheren Empfindungen durchdrungen wird...
Immer mehr können wir empfinden, wie *alles* durch diese höheren Empfindungen geheiligt wird – und wie es ohne sie leer wird, blass, gewöhnlich, profan, nichtig... Das Gewöhnliche offenbart sein wahres Gesicht. Die gewöhnliche Wirklichkeit offenbart ihr wahres Wesen; es besteht darin, dass sie kein Wesen hat, dass sie *wesenlos* ist. Sie *erhält* ihr Wesen erst durch das, was an Höherem in sie hineingetragen werden kann, was sie durchlichten und durchwärmen kann – was sie *heiligt*.

Die Wirklichkeit *ist* unendlich viel heiliger als das, was wir aus ihr machen. Jeder einzelne Mensch, jeder einzelne Blick eines Menschen, jeder einzelne Augenblick des Lebens ist heiliger als das Wesenlose, Bedeutungslose, was wir daraus machen.

Wir *selbst* töten die Wirklichkeit, wir selbst begraben die wunderbare Königin. Es ist unser *eigener* unheilige Blick, unser eigenes unheiliges Empfinden, unser unheiliges Denken und Fühlen, das die Wirklichkeit fortwährend entheiligt und begräbt. Wir selbst sind es, die die Wirklichkeit nicht wahrnehmen. Wir machen sie fortwährend zu etwas Gewöhnlichem und Profanem, was sie nicht ist – aber wir machen sie dazu nicht erst durch unsere Handlungen, sondern schon durch unser Wahrnehmen.

Können wir in jedem einzelnen Blick eines Menschen wahrnehmen und empfinden, was in seiner Seele lebt? Oder nehmen wir nur „Menschen" wahr – und nehmen eigentlich *überhaupt nichts* wahr? Die volle Wirklichkeit ist etwas, dessen Fülle wir gar nicht erahnen. Jede zarte Blüte, jeder Blick eines Menschen enthält *mehr* Wirklichkeit als alles, was wir im gewöhnlichen Wahrnehmen jemals haben könnten.
Die Schönheit der Dinge und die Seele eines Menschen, das Wesen der Erscheinungen – darin liegt die eigentliche Wirklichkeit.

E-Bay, Steuererklärung, Tatort und Sex – all dies ist absolut bedeutungslos, wesenlos, hat nichts zu tun mit dem Wesen des Menschen und dem Wesen der Wirklichkeit. Dieses Wesen kann der Mensch nur in dem finden, was er *innerlich* zu erleben vermag.
Erst wenn der Mensch zu einem inneren Erleben kommt, das über alles gewöhnliche Wahrnehmen hinausgeht, das einen Abstand gewinnt zu allem profanen Alltagserleben, zu allem bloßen Selbsterleben, zu aller gewöhnlichen Sinnes-Sucht – erst wenn er so über alles Gewöhnliche, auch über sein eigenes gewöhnliches Selbst hinaustritt, kann er sich zu dem Wesen der Dinge erheben ... und auch zu seinem *eigenen* wahren Wesen. Sowohl dieses wie jenes sind unendlich heiliger und wirklicher als alles, was das gewöhnliche Wahrnehmen erfasst. Das gewöhnliche Wahrnehmen tötet – es nimmt gerade *nicht* wahr.

All dies sind Versuche, auf diejenige Ebene hinzudeuten, in der das *wirkliche* Erleben – und das Erleben der *Wirklichkeit* – sich ereignet. Der Mensch muss dazu einen inneren Schritt machen, er muss sich innerlich erheben, und dieser Schritt muss ein *heiliger* sein.

Wenn der Mensch sein wahres Wesen wahrhaft sucht, *wird* dieser Schritt durch dieses Streben geheiligt. Denn die Suche nach dem eigenen, wahren Wesen des Menschen kann nur eine selbstlose sein. Sobald man zu suchen beginnt, hat man anerkannt und empfunden, zumindest geahnt, dass dieses wahre Wesen nicht der aktuelle Zustand ist, dass man es verloren hat, nicht mehr wahrhaftig mit ihm verbunden ist. Die Suche ist selbstlos – denn man strebt nicht mehr mit dem eigenen Selbst im Zentrum, sondern man strebt, indem man sein eigenes gegenwärtiges „Selbst" als eine Art Mangel und Armut erkennt. Man strebt nach etwas anderem, etwas Höherem, etwas Heiligerem.

An dem, der man jetzt ist, ist nichts heilig – selbst die Wahrnehmung ist ganz und gar unheilig. Aber das, wonach man strebt, das ist etwas Heiliges. In ihm liegt wieder das Vermögen, die volle Wirklichkeit wahrzunehmen, ihre tiefe Schönheit zu erkennen, ihre Bedeutsamkeit. Sich zu diesem Vermögen wieder zu erheben, das ist das Ziel. Man sucht nach dem eigenen Wesen, das *dies* vermag, das das Erleben der vollen Wirklichkeit und ein inniges Verbundensein mit dieser als sein Lebenselement hat. Es geht um eine heilige Wirklichkeit – und um ein heiliges Selbst...

Wer *danach* strebt, ist selbstlos. Er ist selbstlos, denn es geht ihm nicht mehr um sich, sondern um sein eigenes, reines, wahres Wesen. Er ist selbstlos, denn er hat sein Selbst bisher noch gar nicht. Arm und ohne allen Besitz macht sich der Mensch auf, die wahre Fülle zu finden...

***

Würden wir einmal so vorurteilslos und so empfindsam, wie es uns zunächst möglich ist, auf die Welt und auf uns selbst schauen, so müssten wir tief erschrecken.

Ja, auch wenn wir auf uns selbst schauen. Jeder hält sich in mehrfacher Hinsicht für einen guten Menschen: für einen guten Familienvater oder eine gute Mutter, für einen guten Freund oder eine gute Freundin, für „ein nützliches Mitglied der Gesellschaft", das sich für dies und jenes engagiert, für mehr oder weniger beliebt bei seiner Umgebung, für einen umgänglichen, freundlichen Menschen – und so geht es immer weiter...

Ja, wenn wir nur die Maßstäbe an uns selbst anlegen, mit denen wir von vornherein glänzend dastehen, dann brauchen wir uns selbstverständlich in keinerlei Hinsicht zu ändern. Wir sind ja bereits nahezu perfekt, oder nicht? So will die Seele sich doch irgendwo immer sehen...

Und vielleicht ist ja an diesem Selbstbild nicht Weniges sogar wahr, wenn wir es bloß in der Weise anschauen, wie wir es eben tun. Sicherlich – warum sollten wir ein schlechterer Vater sein als andere, eine schlechtere Freundin als andere, weniger „nützlich", weniger beliebt, weniger freundlich? Sicher bewegen wir uns im sicheren, breiten Feld des Durchschnittes oder ragen sogar ein wenig darüber hinaus, und mit großer (Selbst-)Liebe schauen wir vor allem auf diejenigen Eigenschaften unserer selbst, wo wir noch ein wenig mehr über den Mittelbereich hinausragen...

Was aber, wenn die wahre, die wirkliche, die höhere und eigentliche Menschlichkeit noch gar nicht *verwirklicht* ist? Nirgendwo? Wenn es so ist, dass in Bezug auf dieses wahre Menschentum der allgemeine Durchschnitt völlig bedeutungslos ist, weil wir *alle*, als Menschen, zunächst weit unterhalb und außerhalb jener Sphäre der eigentlichen Menschlichkeit, des wahrhaften Menschseins existieren? Was ist unser eigentlicher Maßstab – was wollen wir zu unserem wahren Maßstab machen?

Unser Blick ist getrübt – ja, wir sind eigentlich zunächst fast vollkommen blind in Bezug auf das wahrhaft Menschliche. Wir machen uns absichtlich blind, wir dämpfen all unsere Vorstellungen auf das „Normalmaß" herunter – und fühlen uns dann um so großartiger, wenn wir in dieses hineinpassen oder es sogar ein wenig überschreiten. Welch ein Armutszeugnis ist dies aber!

Doch was trübt unseren Blick? Es ist die unbändige Selbstsucht und Selbstbezogenheit in jedem einzelnen Menschen – Selbstsucht und ... Faulheit, unbändige Faulheit, nicht so sehr im äußeren Sinn, aber ganz und gar im *inneren* Sinne. Unser großartiges Selbstbild entspricht unmittelbar unserer unendlichen inneren Faulheit. Denn was könnte einem Menschen, der sich aufgrund seiner inneren Faulheit um keinen Preis ändern will, Besseres passieren, als dass er sich gar nicht ändern *braucht*?

Es gibt in unserer Seele auch noch einen anderen Teil, einen höheren, edlen Teil, der gerade das Gegenteil will: Dieser Teil der Seele *will* sich entwickeln, er *will* nach dem Guten streben und all seine Fähigkeiten immer mehr in den Dienst des Guten stellen und um des Guten willen immer weiter entwickeln. Dieser Teil der Seele will das wahre, leuchtende Wesen des Menschen im eigenen Wesen wahrmachen, im eigenen Wesen dieses wunderbare, hohe Menschentum verwirklichen, das jeder Mensch in seiner Seele tief innerlich ahnt und kennt.

Doch dieser Teil der Seele, der so innig mit unserem wahren Wesen verbunden ist, bleibt meistens mehr oder weniger unbewusst. Und darüber hinaus fehlt dann fast immer noch etwas sehr Wesentliches: Es fehlt der starke innere *Mut*, diesen Teil der Seele zur Erscheinung zu bringen. Es fehlt oft schon der Mut, das Wesen des Menschen überhaupt so hoch und schön und edel zu denken, ganz konkret – denn eine solche Idee, ein solches Bild, eine solche Erkenntnis des Menschen würde ja zur Aktivität, zur inneren Arbeit, zu einer wirklichen Entwicklung aufrufen...

So liegen eigentlich die verschiedenen Bereiche der Seele in einem stillen, unerkannten Kampf miteinander – in einem Kampf um die Vorherrschaft in der Seele; in einem Kampf um die Frage, wieviel vom eigentlichen Wesen des Menschen sich offenbaren darf und wieviel überherrscht wird von demjenigen Teil der Seele, der *nicht* dem eigenen wahren Wesen entspricht.

Und zumeist ist dieser Kampf eigentlich fortwährend entschieden, zumeist sind es feste Stellungen, die in diesem Kampf bezogen wurden, und zumeist wurde das wahre, leuchtende Wesen des Menschen (und gemeint ist dies dabei immer in seiner jeweils einzigartigen Gestalt gerade *dieses* besonderen Menschen, der man selbst ist, das heißt, sein könnte) sehr, sehr weitgehend zurückgedrängt in die nicht erscheinende reine Sphäre der Möglichkeit, während zur Erscheinung jener andere, übermächtige Teil der Seele kommt, der gewöhnliche Mensch – mit all seinen Schwächen und mit einer gewaltigen Ur-Schwäche...

Zwei Eigenschaften hat das hässliche Ego, das zunächst so ungeheuer stark unser Sein bestimmt, ohne doch Anteil an dem wahren Sein, dem höheren Wesen[2] des Menschen zu haben. Es besitzt eine unendliche Selbst-Liebe und eine unendliche Faulheit, ein Sich-um-keinen-Preis-verändern-Wollen. Selbst da, wo positive Eigenschaften wie „Freundlichkeit" usw. ins Spiel kommen, liebt das Ego sich selbst – nun in seiner Freundlichkeit usw. – und ist nun erst recht felsenfest überzeugt, dass nicht der geringste Anlass besteht, sich in irgendeiner Weise zu ändern. Es ist ja bereits perfekt – und wo es das nicht ist und an sich arbeitet, so nur, um sämtliche Früchte dafür zu ernten und sich zugleich noch mehr lieben zu können und außerdem noch mehr geliebt zu werden...

Das Wesen des Ego ist es, im Mittelpunkt stehen zu müssen – nicht äußerlich, aber für sich selbst. Letztlich geht es immer um es selbst. Wenn es nicht alles bekommt, was es will, fühlt es sich als „Opfer", die ganze übrige Welt ist schuld, dass es sich unwohl fühlen muss. Die ganze Welt ist eigentlich dazu da, dass es ihm, dem Ego, gut geht. Alle Welt muss auch erkennen, was für ein guter, toller, wunderbarer Mensch man doch ist. Auch kann man alles beurteilen: Man kann zu allem die eigene Meinung haben, und diese ist immer die richtige – notfalls liegen alle anderen falsch! Das sind die Symptome des Ego: Es hat immer recht, es ist das Entscheidende, alles dreht sich letztlich um es. Selbst da, wo es scheinbar nach außen, auf die Welt, das Andere gerichtet ist, geht es letztlich um Selbst-Bestätigung, um den Hunger nach Bestätigung der eigenen Wichtigkeit und Bedeutsamkeit, ja Wunderbarkeit (Klugheit, Schönheit, Freundlichkeit etc. etc.).

Das Ego *kann* gar nicht vorurteilsfrei sein, weil es gar nicht von *sich* absehen kann. Darum kann es die Dinge niemals sehen, wie

---

[2] Obwohl die Worte übereinstimmen, meine ich hiermit niemals dasselbe wie jene Menschen, die eine eher oberflächliche New-Age-Esoterik, All-Eins-Erleuchtung etc. vertreten. Was wirklich gemeint ist, wird man allmählich immer mehr empfinden können.

sie sind – auch sich selbst nicht –, sondern immer nur gefärbt: getränkt von seiner Selbstbezogenheit.

Zur Erkenntnis des Ego gehört es auch, zu erkennen, dass diese Selbst-Liebe nicht immer so krass sein muss, wie man sich diese am liebsten vorstellen würde. Denn natürlich kennt man das Bild des krassen Narziss oder des krassen Egoisten – und wie wunderbar, dass man sich natürlich ganz klar davon abgegrenzt weiß... Aber die Selbst-Liebe ist viel subtiler. Sie ist wirklich *immer* da. Immer fühlt man sich gut, liebenswert, im Recht usw. – und selbst da, wo man sich stattdessen schlecht, hassenswert oder so etwas fühlt, verweist das in solchen Fällen meist stark damit einhergehende Selbst-Mitleid doch wiederum noch immer auf die Selbst-Liebe.

*

Es gibt nur eine Möglichkeit, dem Ego zu entkommen, sich aus diesem sozusagen herauszureißen: Man muss lernen, die Blickrichtung *und die Willensrichtung ... umzukehren*. Man muss lernen, sich selbst zu „vergessen" – aber als realen Vorgang, und das hat mit der Willensrichtung zu tun. Das Ego hat ja fortwährend die Taktik, sich scheinbar zu vergessen – um dadurch um so ungesehener im Mittelpunkt und als Mittelpunkt stehenbleiben zu können. Das zuerst gemeinte „Vergessen" dagegen ist ein völlig anderes. Es bedeutet im besten Sinne des Wortes ein Selbstlos-Werden. Das ist völlig unmöglich, wenn man in seiner Seele nicht irgendwo den Willen oder zumindest eine Sehnsucht danach finden kann. Man muss lernen, in jenem ganz anderen Teil der Seele zu leben, der mit dem Ego nichts gemein hat...

Das Ego *kann* dies nicht wollen – aber es wird diesen Willen, wenn er irgendwo in der Seele vorhanden ist und auftritt, mit allen Mitteln bekämpfen.
Dennoch ist ein entscheidender erster Sieg gegen das Ego bereits dann errungen, wenn man irgendwo in seiner Seele die Sehnsucht entdeckt, von diesem Ego loszukommen. Wenn man diese Sehnsucht in sich findet, so hat man ein erstes Erleben des *heiligen* Teiles der eigenen Seele.

Doch diese Sehnsucht wird immer winzig und schwach bleiben, wenn sie nicht bewusst und immer bewusster ergriffen wird. Sie muss zu einer starken *Kraft* entwickelt werden – sonst wird der alles beherrschende Einfluss des Ego doch immer, das ganze Leben lang, übermächtig bleiben.

Wenn aber aus dieser ersten, zarten, entdeckten Sehnsucht bewusst eine Kraft gemacht wird, dann entbrennt in der Seele, *um* die Seele ein *Kampf*... Das Ego wird der drohenden Gefahr nicht untätig zusehen, es wird sich erheben und alle Mittel in Bewegung setzen, um seinen Gegner zum Scheitern zu bringen. Und es wird unterstützt werden von all jenen in der Welt wirksamen Kräften, die mit dem Ego im Bunde stehen...

Wie *findet* man nun jene Sehnsucht in der eigenen Seele – und wie stärkt man sie, wie entwickelt man aus ihr und mit ihrer Hilfe eine *Kraft*, mit der das Ego besiegt werden kann, weil etwas vollkommen anderes an seine Stelle tritt?

Ein Weg ist der der immer tieferen Erkenntnis des Ego. Da, wo das Wesen des Ego wirklich erkannt wird – nicht intellektuell, sondern durch immer tieferes Empfinden dieses Wesen, durch ein Erkennen, an dem das *Fühlen* wirklichen Anteil hat, das also mit der *ganzen* Seele geschieht –, da wird zugleich die Kraft geboren, die sich vom Ego unterscheidet, keinen Anteil an diesem hat, im heiligen Teil der Seele lebt. – Das Ego wirklich erkennen, heißt, das Ego überwinden wollen. Das Wesen des Ego ist hässlich, ist nichtig. Erkannt werden kann das Ego nur durch denjenigen Teil der Seele, der an diesem Ego keinen Anteil hat. Dieser Teil erkennt das Ego, weil er sich von ihm unterscheidet. Die Erkenntnis aber ist zugleich die Bewusstwerdung dieses anderen Teiles; die wirkliche „Geburt" des Nicht-Ego, des wahrhaft moralischen Teiles der Seele – jenes Teiles, in dem das Moralische nicht etwas Abstraktes ist, sondern der selbst seinem Wesen nach durch und durch moralische Substanz, substantielle Moralität ist...

Ein anderer Weg ist die Besinnung auf die Selbstlosigkeit selbst. Kann man vorsichtig immer tiefer empfinden, wie die Seele „sein" müsste, wenn sie wirklich Impulse der Selbstlosigkeit in sich erwecken und lebendig in sich tragen wollte? Wie fühlt sich wirkliche Selbstlosigkeit an? Welche Verwandlung geht dabei mit der Seele vor? Welche Richtung bekommen ihre Gefühle, ihre Willensimpulse? Kann man das wirklich fühlen, empfinden, sich wirklich in solche tastenden Empfindungen versenken? Wenn man dies wirklich versucht und dabei immer mehr zu einem Erleben kommt, dann wird man auch erleben, welcher Teil der Seele von dieser inneren Bewegung „berührt" wird, gleichsam „gerufen" wird, wachgerufen wird... Und man macht erste, bewusste Erfahrungen mit einem Zustand der Seele, in dem man sich noch nicht befindet, aber den man doch schon ahnend in sich hervorrufen kann, wenn auch nur in den heiligsten Momenten des inneren Sich-Versenkens in diese Empfindungen, die dem Ego völlig entgegengerichtet sind.

*

Haben wir beide Seiten der Seele anfänglich wirklich kennengelernt, so verstehen wir auch immer mehr das Wesen des *Kampfes*, der dann einsetzen wird, wenn sich die Sehnsucht nach Selbstlosigkeit einmal wirklich bewusst erheben wird...

Es gibt zwei Möglichkeiten, auf diesen Kampf zu schauen. Entweder, indem man die entgegengesetzten Teile der Seele als absolut real erkennt und in ein inneres Erleben ihrer Realität eintaucht – oder indem man nur abstrakt psychologisiert.

Natürlich kann man einfach sagen, „der Mensch ist da-und-dazu geneigt", er wendet sich mehr der selbstlosen Seite zu, oder er bleibt der selbstbezogenen Seite verhaftet. Mit solcher Wortwahl ist aber nichts gewonnen. Letztlich bleiben damit sowohl „der Mensch" als auch die in ihm wirkenden „Impulse" viel zu abstrakt. Wir dürfen „den Menschen" nicht *von außen* ansehen, wir müssen auch all unsere psychologischen Vorstellungen, unser bloß psychologisches Allgemeinwissen über Bord werfen und wirklich *selbst* in das innere Erleben hineinsteigen. Erst *dort* finden wir die wirkliche Realität, erst wenn *wir* die Erlebenden und die Erkennenden sind, unmittelbar.

Es geht also nicht um „den Menschen" im allgemeinen und auch nicht um eine allgemeine Polarität von „Impulsen", die man „im Menschen" allgemeingültig finden könne und die die Psychologie angeblich kennt und längst beschrieben hat. Sondern es geht um die *wirkliche* Realität, von der die Psychologie in Wirklichkeit keine Ahnung hat, weil sie immer nur verallgemeinert und letztlich doch immer nur *von außen* schaut. Sie schaut letztlich mit dem Intellekt – und dieser steht allen seelischen Erlebnissen in letzter Hinsicht als *Fremder* gegenüber. Selbst da, wo man Introspektion betreibt, führt der Intellekt zu einer (intellektuellen) Distanzierung, und der Mensch gewinnt nie die *reale* Verbindung zu sich.

Was hilft es uns, wenn wir uns den „Erklärungen" der Psychologie überlassen – oder unseren eigenen abstrakten Vorstellungen über das Wesen des Menschen? Diese Erklärungen können hilfreich sein, um verschiedene Möglichkeiten der menschlichen Seele zunächst einmal abstrakt zu verstehen – doch danach muss an die Stelle der Erklärungen und Vorstellungen doch wirklich die direkte, reale *Erfahrung* treten. Kein Experte der Welt kann uns sagen, was und wie „der Mensch" ist. Es kann noch so oft behauptet werden, dass der Mensch seinem Wesen nach gut oder böse sei oder dass polare Impulse in der Seele wirksam seien – all dies hat für uns keinerlei absolute Bedeutung; *wir selbst* müssen herausfinden, was in *unserer* Seele die wirkliche Realität ist und was in *unserer* Seele die wirkliche Realität werden könnte... In uns selbst müssen wir herausfinden, wozu der Mensch fähig ist und was das wahre Wesen des Menschen ist, was *unser* wahres Wesen ist, sein will...

Die Realität lernen wir nur kennen, wenn wir auf alle Distanziertheit, alles Vor-Wissen und alle Deutungen verzichten und *wirklich* in das innere Erleben hineinsteigen. Das bedeutet nicht, dass wir uns selbst verlieren, denn wir bleiben bewusst, denkend und erkennend dabei – nur hören wir auf, *intellektuell*, abstrakt und distanziert zu denken.

Wir brauchen ein Denken, dass mit einem *Erleben* der inneren Realitäten mitgehen kann, das innig mit einem solchen realen Erleben verbunden ist. Es geht um ein Denken, das voll, lebensvoll, *Anteil* nimmt an dem Erleben, das von diesem Erleben nicht getrennt ist, sondern gerade eintaucht in das Erleben. Es geht darum, sich den Dingen oder auch dem Erlebten nicht abstrakt gegenüberzustellen, sondern sich mit dem Erleben gerade zu verbinden – *und* dieses dennoch gleichzeitig *anschauen* zu können, inmitten des Geschehens selbst...

Wenn man wirklich versucht, nachzuvollziehen, was hier gemeint ist; wenn man innerlich versucht, zu erspüren, welche innere seelisch-geistige „Bewegung" und „Aktivität" hier gemacht und entfaltet werden muss, wird man erkennen, dass die Klarheit des Bewusstseins und des Denkens dabei nicht verloren geht. Verloren geht nur die Trennung, die Distanz zu den Dingen und zu den realen Prozessen der eigenen Seele, denn diese Distanz wird gerade nicht mehr gewollt. Verloren geht das Unbeteiligte, das unberührte Danebenstehen-können, das Gegenüberstehen.

Man nimmt *Anteil*, man *empfindet* wirklich, was empfunden werden kann; man erlebt, was erlebt werden kann – und all dies ist seelische Bewegung, seelische Regsamkeit, Empfindsamkeit, Berührtwerden. Hier gibt es keinen Stillstand, hier gibt es keinen Elfenbeinturm – es geht gerade um ein Eintauchen in das reale Geschehen der ganzen Seele... Die Klarheit bleibt, aber nicht die Distanziertheit. Von der toten Abspiegelung des Intellekts taucht man ein in das reale *Leben*.

Wenn wir *so* in die eigene Seele hineinsteigen, dann lernen wir nicht „den Menschen" im Allgemeinen kennen, sondern wir lernen in uns selbst *konkret* kennen, dass die Seele sehr real in zwei vollkommen entgegengesetzte Richtungen gehen kann... Es geht nicht um eine abstrakte Seele, und die Einflüsse kommen auch nicht als abstrakt „altruistisch" oder „egoistisch" von *außen*, kommen auch nicht aus irgendeiner „Sozialisierung" und so weiter – sondern jetzt und hier steht die Seele vor einer grundsätzlichen Entscheidung, die realer und bedeutsamer ist als alle psychologischen Begrifflichkeiten zusammen.

Die Psychologie hat von dieser Entscheidung keine Ahnung. Die Realität, die wir im obigen Sinne betreten, ist ihr unbekannt, denn diese Realität wird eine spirituelle. Der Mensch bleibt nicht mehr nur „Phänomen" – Spielball und Zusammenfluss von Impulsen –, sondern er wird eine *Realität*, und zwar eine sich selbst bewusst ergreifende Realität. Selbstbewusstsein aber ist Geist. Neben der menschlichen Seele tritt das menschliche Geistwesen konkret in die Wirklichkeit ein. Daher wird diese Wirklichkeit eine spirituelle (lat. spiritus Geist).

Bleiben wir jedoch bei dem Erleben der Seele – und versuchen nur mitzuempfinden, dass hier mehr wirkt als nur die Seele allein; dass der heiligste Teil der Seele innig verbunden ist mit dem geistigen Wesenskern des Menschen, den man auch als *das Ich* bezeichnen kann (nun aber im besten, im höheren, nicht gewöhnlichen Sinne).

Die Seele also steht vor einer Entscheidung: Will sie sich dem Ego (diese Wirksamkeit kann man nun auch als das niedere Ich bezeichnen) hingeben, dessen Selbstbezogenheit ihr gesamtes, gewöhnliches Sein durchtränkt? Oder will sie auf den Ruf ihres heiligen Teils hören und der in diesem Teil lebenden, zarten Sehnsucht folgen?

Die Kraft, diesem heiligen Teil zu folgen, gewinnt die Seele aber nur, wenn sie diesen immer mehr in sich sprechen lässt, ihn immer stärker werden lassen kann. Diesem heiligen Teil zu folgen, heißt, ihm immer mehr den ganzen Raum einzuräumen, den heiligen Impulsen der Seele mehr und mehr die Führung zu übergeben...

*

Besinnen wir uns auf den gewöhnlichen Zustand der Seele... Versuchen wir, in der eben geschilderten Weise einmal so konkret wie möglich erlebend und erkennend einzutauchen in diesen Zustand. Und versuchen wir dabei, zu empfinden und zu erleben, wie weit dieser von dem wahrhaft Menschlichen entfernt ist – von dem, was wir bisher in tiefstem Sinne als das wahrhaft Menschliche zu erkennen und zu empfinden vermochten und wonach wir uns im tiefsten Sinne sehnen.

Der gewöhnliche Zustand der Seele...

Wir sehnen uns nach Liebe, nach Verständnis, nach Anerkennung. Wie weit sind wir dazu fähig, Liebe zu *geben*? Verständnis und Anerkennung zu *geben*? Sind wir überhaupt fähig? Und wenn wir es sind – wann tun wir es? Wie stark tun wir es? Wie stark ist unser Wille, das *Gute* zu tun? Ist er überhaupt vorhanden? Wie müssten wir ihn in unserer Seele suchen, wenn wir ihn finden wollten – wo müssten wir ihn suchen; was müssten wir innerlich tun, um ihn in uns finden zu können?
Haben wir Fragen an das Leben? Suchen wir überhaupt nach dem Wesen des Menschlichen? Oder haben wir gar keine Fragen, nehmen wir alles hin, wie es ist; halten wir uns keiner Entwicklung für fähig? Haben wir auch gar keine Sehnsucht nach einer solchen Entwicklung? Und wissen wir auch überhaupt nicht, in welche Richtung eine solche Entwicklung gehen könnte?
Haben wir Fragen nach einer höheren Welt? Nach Engel-Wesen, nach göttlichen Wesenheiten; nach Wesen, die in ihrer Entwicklung dem Menschen voraus sind und doch in einem engen Zusammenhang mit dem Menschen stehen?
Was sind die wichtigsten Fragen, die wir in unserer Seele tragen? Welche Fragen haben die tiefste Bedeutung? Wie stark, wie existentiell tragen wir diese Fragen in uns?
Und wenn wir anderen Menschen begegnen – was tun wir dann? Kommt es zu wirklichen Begegnungen? *Können* wir dem Wesen des Anderen überhaupt wahrhaft begegnen? Erleben wir etwas vom Wesen des Anderen? Wie heilig ist uns dieses Wesen? Können wir die Einzigartigkeit eines anderen Menschen empfinden, wirklich empfinden?
Und welche Tiefe haben unsere Gespräche, wenn der eine Mensch dem anderen begegnet? Sprechen wir überhaupt jemals über das, was wir als Wesentlichstes in unserer Seele tragen? Sprechen wir jemals über unsere tiefsten Fragen, unsere zartesten Empfindungen, unsere heiligsten Gedanken...? Haben wir solche überhaupt?

Das sind Fragen, in die sich die Seele hineinversenken könnte – dann würde sie immer mehr eintauchen können in ein Erleben des *Abgrundes*, der zwischen dem Zustand der Seele in unserer heutigen Zeit und einem Zustand liegt, den wir als wahrhaft menschlich, als leuchtendes Menschentum bezeichnen könnten. Innerlich tragen wir eine reale Ahnung von diesem leuchtenden Menschentum, denn wir wissen sehr genau, dass es *möglich* sein muss, diese Fragen auch anders zu beantworten, als wir es heute tun müssen – dass es möglich sein muss, sie so zu beantworten, wie sie beantwortet werden *sollten*...
Einst wird der gute Wille in der Seele des Menschen erwachen – und dann immer mehr zunehmen an Kraft und Schönheit...

Wir können unserer ungeheuren Ohnmacht, das wahrhaft Menschliche zu verwirklichen, auch mit einem Blick auf das mehr äußere Geschehen ins Auge schauen.

Wie stark ist unser Gefühl einer tiefen *Verantwortung* für alles, was ist? Wissen wir zwar intellektuell alles Mögliche, aber *empfinden* diese unendliche Verantwortung dennoch nicht? Wie „wichtig" ist uns der Schutz der so unsagbar schönen Natur mit all ihren Wesen wirklich, wie sehr leiden wir wirklich unter ihrer Zerstörung?
Was tun *wir* für das, was uns angeblich so sehr am Herzen liegt? Unterstützen wir eine Landwirtschaft, die nicht mit Gift und Kunstdünger arbeitet? Haben wir überhaupt einmal lebhaft und schmerzlich innerlich empfunden, was es heißt, mit Gift zu arbeiten; die Fruchtbarkeit des Bodens zu misshandeln; durch eine hoch-rationalisierte Agrarindustrie die Landschaft gleichsam in eine Wüste zu verwandeln, in der nur eine minimale Zahl von Tier- und Pflanzenarten überleben kann, während alle anderen Arten, der ganze wunderbare Reichtum der Natur, der Schöpfung, allmählich verschwindet, großteils schon fast völlig verschwunden ist?
Wissen wir, dass wir durch unseren täglichen Einkauf entweder so oder so handeln und real das eine oder das andere unterstützen? Ist uns die Konsequenz unserer Taten lebendig bewusst, empfinden wir sie?

Empfinden wir unsere unermessliche Verantwortung, wenn wir Fleisch essen? Wissen wir und empfinden wir, was wir da tun? Kennen wir auch nur einen Bruchteil der Lebensbedingungen der Tiere, die täglich für uns sterben? Haben wir ein inneres Erleben, wenn wir „Müll" verursachen? Oder ist es uns angesichts der Verpackungsflut längst egal geworden, wieviel Müll allein wir als Einzelner täglich verursachen?

Sind wir in Bezug auf all diese Fragen noch fähig, unser Empfinden immer mehr zu vertiefen – oder sind wir für all diese Fragen bereits hochgradig abgestumpft und *wollen* dies auch sein?

Das Gute, die reale moralische Substanz, kann im Menschen nur eine Wirklichkeit werden, wenn er bereit ist, zu *leiden*, denn die Wirklichkeit *ist* furchtbar – der Abgrund, der uns vom wahrhaft Menschlichen und wahrhaft Moralischen trennt, ist tief. Wir beginnen, die Brücke zu bauen, wenn wir beginnen, leiden zu können ... und zu wollen. Denn das Leiden wäre nichts anderes als die erwachende Sehnsucht, den Abgrund zu überbrücken – und die Sehnsucht selbst würde uns die Wege weisen können, auf denen die Brücke gebaut werden könnte.

Wir können den Abgrund schließlich auch unmittelbar von Mensch zu Mensch empfinden.

Wie sehr erleben wir das ungezählte tägliche *Leid* im Leben anderer Menschen? Haben wir überhaupt Augen und Empfindungen für das Leid *eines* einzigen anderen Menschen?
Wissen wir, was andere Menschen zum Leben haben – oder nicht haben? Wissen wir, was es heißt, demütigenden Bedingungen im Arbeitsleben ausgesetzt zu sein, Tag für Tag? Was es heißt, monatlich mit 1.400 Euro netto nach Hause zu gehen – und davon vielleicht noch eine Familie ernähren zu müssen? Mit 1.200 Euro? Mit unter 1.000 Euro? Was es heißt, nicht zu wissen, wie man die kaputte Waschmaschine ersetzen soll? Wie man dem ältesten Kind ein neues Fahrrad kaufen soll? Wie es ist, eigentlich niemals wirklich Urlaub machen zu können? Wie es ist, wenn schon ein Kinobesuch, ja ein Café-Besuch ein Luxus wird?

Wissen wir, wie es ist, in *Armut* zu leben? Und das, obwohl man nicht *weniger* arbeitet als andere Menschen? Obwohl man sogar undankbarere, schwerere, un-erfüllendere, schädlichere Arbeit leisten muss?

Kennen wir die demütigenden Verhältnisse auf den Ämtern, die den Menschen auch keine Arbeit geben können, sondern den Mangel an Arbeit verwalten – und dennoch immer weiter die Betroffenen demütigen?

Und kennen wir die demütigenden Verhältnisse unzähliger Arbeitsplätze, in denen man Mobbing ausgesetzt ist; in denen man vielleicht auf vier bis sechs Euro Stundenlohn kommt; in denen man bis zur Erschöpfung arbeiten muss; in denen man fortwährend überwacht wird?

All dies sind Fragen, die sich auf einen ausgewählten Bereich der gesamten Wirklichkeit beziehen. In derselben Tiefe können wir auf unser Schulwesen schauen, auf unser „Gesundheitssystem", auf die „Kinder- und Freizeitindustrie" und noch vieles andere.

Können wir empfinden, wie *krank* und verrückt unsere Gesellschaft geworden ist? Und sind wir in der Lage, mit den ungezählten Betroffenen auch nur ansatzweise *mitzuleiden*? Oder gehen wir darüber hinweg, halten wir beide Augen fest davor verschlossen und verhärten unsere Herzen – allenfalls froh, dass wir (noch) nicht betroffen sind?

Wann beginnen wir, für das Furchtbare, das sich täglich ereignet, *aufzuwachen* – und wann beginnen wir, wahrhaft daran zu *leiden*?

*

An diesem Punkt also stellt sich die Frage, ob die Seele *erkennt*, was der heilige Teil in ihr ist; ob sie diesen leise erahnen, empfinden kann...
Und dann stellt sich die zweite Frage, ob dieser heilige Teil die Seele *ruft*. Ob er stark genug bewusst wird, um eine wirkliche, eine wirksame Realität zu werden. Die Frage ist, ob in der Seele eine *Sehnsucht* erwacht, das Leid empfinden zu können; mitleiden zu

können; fähig zu werden, den Abgrund zum Anderen zu überbrücken, wahrhaft Anteil zu nehmen...

Ein (weiterer) Weg, diese Sehnsucht in sich zu erwecken – oder man kann auch sagen: den immer schon ertönenden Ruf der innersten Seele endlich zu hören –, sind Geschichten.

Viele Menschen halten von Geschichten nicht viel, weil sie sie für bloße Phantasieprodukte halten. Aber Geschichten geben Bilder, und Bilder berühren die *Realität* viel stärker als bloße Worte oder abstrakte Gedanken. Bilder vermögen Gefühle zu erwecken, weil sie der wahren Realität viel näher stehen – und unmittelbar zur Seele sprechen können.

Der Intellekt hat kein Organ für das Furchtbare, das in unserer heutigen Wirklichkeit lebt, auch nicht für die absolute Verarmung dieser Wirklichkeit. Doch in *Bildern* kann all dies auf einmal empfunden werden. Bilder transportieren keine abstrakten Fakten, kein totes Wissen, das keine Beziehung zu irgendeinem Moralischen hat, sondern Bilder führen die Seele zu einem realen *Erleben*, zu einem Erleben der Realität...

Und so seien hier zwei Geschichten des von einer tiefen Moralität erfüllten Esoterikers Manfred Kyber (1880-1933) wiedergegeben:

*

Stumme Bitten

Die Schafherde drängte sich aufgeregt zusammen. Ein altes Schaf erzählte.
„Meine Großmutter hat es selbst gesehen", sagte es, „es ist etwas Fabelhaftes, Grauenvolles. Man weiß nicht, was es ist. Sie sah auch nicht alles. Sie kam dran vorüber, als sie zur Weide ging. Es war ein Tor, das in einen dunklen Raum führte. Es roch nach Blut am Tor des dunklen Raumes. Zu sehen war nichts. Aber sie hörte den Schrei eines Hammels darin, einen gräßlichen Schrei. Da lief sie zitternd zur Herde zurück."
Alles schauderte.
„Man weiß nichts Gewisses", sagte das Schaf, „aber es muß etwas Wahres daran sein. Jedenfalls ist es furchtbar."
„Deine Großmutter lebt nicht mehr?" fragte ein junger Hammel.

„Ich weiß es nicht", sagte das Schaf, „es ist schon lange her – da wurde sie abgeholt."
„Das soll der Anfang sein, man kommt dann nie wieder", sagten einige.

Der Schäferhund bellte kläffend und trieb die Herde dem anderen Ende der Weide zu.
Da stand der Schäfer und sprach mit einem fremden Mann, der nicht aussah wie ein Hirt. Sie handelten miteinander. Dann ging der fremde Mann mit festen Schritten in die Herde hinein und prüfte die einzelnen Stücke mit kundigen Augen. Es waren nicht die Augen eines Hirten. Jetzt griff seine Hand nach dem jungen Hammel, der vorhin gefragt hatte. Das Tier überlief es kalt. Die Hand fühlte sich anders an als die Hand des Hirten.
Der Hammel bekam eine Leine um den Hals.
„Den nehme ich", sagte der fremde Mann und zog einen schmutzigen Beutel mit Geld aus der Tasche. Er bezahlte. Das lebendige Leben gehörte ihm. Er hatte es gekauft. Er ergriff die Leine und zerrte den Hammel von der Weide fort auf die Landstraße.
Die Herde sah dem Davongehenden erschrocken und verständnislos nach. Der Hammel wandte den Kopf. Seine Augen suchten die Verwandten und Spielgenossen. Etwas in ihm krampfte sich zusammen – etwas in ihm rief ihm zu, sich loszureißen und zurückzulaufen. Das ist der Anfang, man wird abgeholt, dachte er. Aber er wehrte sich nicht. Er war hilflos. Was hätte es genützt? „Es braucht ja nicht das Schreckliche zu sein", tröstete er sich, „es gibt noch andere Weiden. Dahin werde ich vielleicht geführt."
Es war das Vertrauen, das Tiere haben, die zahm gehalten worden sind.
Jetzt bogen sie um die Ecke. Die Herde war nicht mehr zu sehen. Die Weide verschwand. Nur von ferne hörte man den Schäferhund bellen und die Töne der Hirtenpfeife. Der Wind verwehte sie.
Es war ein weiter Weg. Der fremde Mann ging schnell. Er hatte es eilig.

„Ich bin müde, ich möchte mich etwas erholen", bat der Hammel.
Es war eine stumme Bitte.
Sie gingen weiter. Es war heiß und staubig.
„Ich bitte um etwas Wasser", sagte der Hammel. Es war eine stumme Bitte.

Endlich kamen sie in eine kleine Stadt. Sie gingen durch enge, krumme Straßen, in denen es keine Weiden gab. Diese Hoffnung also hatte sich nicht erfüllt.
Sie hielten vor einem Tore, das in einen dunklen Raum führte. Ein häßlicher Dunst schlug dem Tier entgegen. Der Hammel wandte den Kopf und blökte klagend. Er scheute vor dem Dunst zurück und vor dem dunklen Eingang. Eine Angst wurde in ihm wach, im Unterbewußtsein, eine grenzenlose Angst.
„Ich möchte nach Hause", sagte der Hammel und sah den fremden Mann an.
Es war eine stumme Bitte. Stumme Bitten werden nicht gehört.
Der Mann schlang die Leine mit einem geschickten Griff um die Hinterbeine des Tieres und zog es vorwärts. Die Schnur schnitt ein.
„Ja, ja, ich komme schon", sagte der Hammel erschrocken. Die müden steifen Beine beeilten sich. Es waren nur wenige Augenblicke, aber sie schienen sehr lang. Dann war er in einem dunklen Raum. Es roch erstickend nach Blut und Abfällen – nach Leichen von seinesgleichen. Man hält es nicht für nötig, das vorher fortzuschaffen. Es ist ja Vieh – Schlachtvieh.
Da packte den Hammel ein hilfloses, lähmendes Entsetzen. Ein Entsetzen, das alle stummen Bitten vorher vergessen ließ. Ein Entsetzen, das ganz allein herrschte. Der Hammel zitterte am ganzen Körper.
Jetzt kommt das Fabelhafte – das Grauen, dachte er. Und es kam.
- – -

Die Welt ist voll von stummen Bitten, die nicht gehört werden. Es sind Menschen, die sie nicht hören. Es scheint unmöglich, diese stummen Bitten zu zählen. So viele sind es. Aber sie werden alle gezählt. Sie werden gebucht im Buche des Lebens.
Groß und fragend sehen die Augen des Gautama Buddha auf die europäische Kultur.

*

Das Tagewerk vor Sonnenaufgang

Es waren eine Schmiede und ein Schmied. Der Schmied aber war ein besonderer Schmied, denn sein Tagewerk lag vor Sonnenaufgang. Das ist ein sehr hartes Tagewerk. Man wird müde und traurig dabei. Man wird still und geduldig dabei. Es gehört viel Kraft dazu. Denn man lebt einsam und schmiedet in der Dämmerung.

Jetzt war es Nacht, und der Schmied war nicht in seiner Schmiede. Der Feuergeist in der Esse schlief. Nur sein Atem glomm unter der Asche und streute dazwischen einen sprühenden Funken in die Finsternis. Aber der Funke erlosch bald. Nur ein schwacher Lichtschein blieb und hastete suchend und irrend durch das Dunkel der Schmiede.

Der Blasebalg ließ seinen großen Magen in lauter griesgrämigen Falten hängen. Er sah aus wie ein dicker Herr, der plötzlich abgemagert ist. Man hätte darüber lachen können, aber in der Schmiede war niemand, der zu lachen verstand.

Der Amboß drehte seinen dicken Kopf mit der spitzen Schnauze langsam nach allen Seiten und sah sich das alte Eisen an, das heute geschmiedet werden sollte. Es war nicht viel. Nur einige Stücke. Sie lagen in einer Ecke und waren beschmutzt und verstaubt, wie Leute, die eine weite und beschwerliche Wanderung hinter sich haben.

Der Amboß ärgerte sich. „Was für ein hergelaufenes Gesindel hier zusammenkommt! Ein Glück, daß es zuerst in die Esse muß, ehe es mir auf den blanken Kopf gelegt wird. Es wäre sonst zu unappetitlich. Danke bestens. Unsereiner ist sauber."
Der Amboß rümpfte verächtlich die große Schnauze und kehrte dem alten Eisen den Rücken zu. Der Amboß war ein Dickkopf. Er dachte nicht daran, daß er ja auch aus Eisen war und daß das alte Eisen, das so weit gewandert war, auch so blank würde, wenn es der Feuergeist erfassen und der Hammer schmieden würde. Er dachte, es gäbe bloß blankes Eisen und schmutziges und bestaubtes – von vornherein – und dabei bliebe es. Er war eben ein Dickkopf, und er wußte auch nicht, wie mühsam sein Meister dies alte Eisen gesammelt hatte, um es umzuschmieden in der Dämmerung.

Das alte Eisen fühlte sich sehr erleichtert, als der Amboß ihm den Rücken gekehrt hatte und es seine abweisenden Blicke nicht mehr fühlte. Es hatte sie deutlich gefühlt, trotzdem es so bestaubt und so beschmutzt war. Nun begann es, sich flüsternd zu unterhalten. Es waren Stücke, die dem Alter nach sehr verschieden waren. Es waren ganz alte dabei, die eigentlich in die Raritätenkammer gehörten. Es waren auch ganz junge darunter, die nur wenige Jahre auf der Welt waren. Aber in ihrer Erscheinung waren sie sich alle ganz gleich.

„Sie sind so verrostet", sagte eine Kette teilnahmsvoll zu einem alten Schwert, „das ist eine sehr schlimme Krankheit. Sie fühlen sich gewiß nicht wohl?"

Das Schwert seufzte knarrend zwischen Griff und Klinge.
„Es ist ein altes Leiden", sagte es, „ich habe es schon viele hundert Jahre. Es sind Blutflecke. Ich habe schreckliche Dinge gesehn auf meinem Lebensweg. Ich ging durch viele Hände. Einer erschlug den andern mit mir. Einer nahm mich dem andern fort, um wieder andre zu erschlagen. Alles Blut und alle Tränen haben sich in mich hineingefressen. Ich habe wenig Ruhe gehabt. Ich bin in Blut gewatet, und der, der das meiste Blut vergossen, läutete die Glocken mit denselben Händen und nannte das seinen Sieg."
„Ich bin nur wenige Jahre alt", sagte ein junger Säbel, aber ich habe ganz dasselbe erlebt."

„Ich habe andere Siege gesehen", sagte ein alter rostiger Riegel. „Ich sah Menschen, die gesiegt hatten über sich und die Welt mit ihren Gedanken. Ich verschloß die Türe, hinter der man sie einsperrte. Sie saßen und verkamen in ihrem Kerker. Aber ihre Gedanken gingen durch die Kerkertüre an mir vorbei und gingen hinaus in alle Straßen."
„Ich bin weit jünger als Sie", sagte ein anderer Riegel, aber ich habe dasselbe tun müssen und habe dasselbe gesehen."

Der Feuergeist in der Esse atmete stärker, und der erste Schein der Morgendämmerung zog über das alte Eisen. Es wurde sehr verlegen und bedrückt, denn nun traten die vielen Flecke noch deutlicher hervor als im Licht des Feuergeistes, der in der engen Esse mühsam atmet. Das alte Eisen sah traurig auf seinen beschmutzten Körper und redete wirr und klagend durcheinander.

„Ich hab' einen Mörder halten müssen", jammerte die Kette, war in seiner letzten Nacht. Neben ihm saß ein Mann im Talar und hatte ein Buch in der Hand, auf dem ein goldenes Kreuz draufstand."

„Ich habe im Schlachthaus arbeiten müssen", sagte ein langes Messer, „ich habe Tausenden von Geschöpfen ins entsetzte Auge gesehn, ehe es erlosch. Ich habe tausend Tierseelen umherirren gesehn in einem Hause voll Blut und Grauen. Dabei war ein Stück von mir früher eine Perle im Rosenkranz eines alten stillen Mannes. Es war in Indien, und der alte stille Mann fegte den Weg vor sich mit schwachen Armen, um kein Geschöpf zu treten. Er nannte den Wurm seinen Bruder und bat ihn um den Segen seiner Götter. Er sprach von der Kette der Dinge. Er zeichnete das Hakenkreuz in den Sand und fingerte ergeben seinen Rosenkranz, wenn der Wind es verwehte. Die fremden Priester aus Europa höhnten den Glauben des alten Mannes."

„Wir haben jetzt Europa und seine Kultur", sagte der Säbel grimmig und schüttelte eine alberne goldene Troddel ab, die an ihm hing.

„Wir müssen durch viele Formen wandeln", sagte das Messer, „das weiß ich von dem alten Mann in Indien. Nur weiß ich nicht, in welche wir kommen sollen."

„In diesen Formen können wir nicht bleiben!" riefen alle durcheinander. „Wir sind schmutzig und voller Flecken. Wir wollen umgeschmiedet werden. Wir wollen zum Feuergeist und um eine andere Form bitten. Aber wir wollen nicht warten, bis die Sonne aufgeht. Wir wollen nicht, daß die Sonne uns so findet. Dann bescheint sie unseren Schmutz und unsere Flecken. Aber der Schmied wird nicht so bald kommen. Er schläft gewiß noch."

Da flog ein Funke aus der Esse mitten in das alte Eisen hinein.
„Der Schmied schläft nicht. Er wird gleich kommen", zischte der Funke, „es ist ein besonderer Schmied. Sein Tagewerk ist vor Sonnenaufgang."
Dann erlosch der Funke.

Die Tür tat sich auf, und der Schmied kam herein. Es war ein ernster stiller Mann mit traurigen Augen. Das kam von seinem Tagewerk. Er trat den Blasebalg, daß er alle seine Magenfalten aufklappte und ganz dick anschwoll. Der Feuergeist erwachte in der engen Esse, und der Schmied hielt all das alte Eisen ins Feuer. Dann hob er es aus der Feuertaufe und legte es auf den Amboß.

„Was wird aus uns werden – welche Form – welche Form?" fragte das alte Eisen, und das Messer dachte an den armen alten Mann in Indien.

Der Schmied schlug zu. Die Funken stoben.
Er schmiedete nur eine Form, die letzte aller Formen. Er schmiedete die Seele des Eisens. Es war sein Tagewerk.
Als es fertig war, stand eine glänzende Pflugschar auf der taufeuchten Erde vor der Schmiede. Da ging die Sonne auf.

Es ist leider nur ein Märchen...

*

Beide Geschichten sind tief durchdrungen von dem wunderbaren Impuls, den Buddha nach seiner Erleuchtung der Menschheit zu schenken vermochte: der Lehre von Liebe und Mitleid.

Die erste Geschichte kann in der Seele wirklich bis in die Tiefe das Mitleid erwecken. Sie bringt die absolute *Unschuld* des Tieres, der wehrlosen, in dieser Hinsicht stummen Kreatur in ein Bild, das zu sprechen beginnt... Trostlos, schockierend ist die Geschichte – aber gerade das ist unsere Wirklichkeit. Trost könnte erst aus dem Mitleid hervorgehen, das diese Geschichte erwecken kann, erst im Mitleiden kann neue Hoffnung keimen.

Stumme Bitten... Es ist in höherem Sinne eine sehr reale Tatsache, dass alle Kreatur auf die Offenbarung des *Menschen* hofft... Oder, wie Paulus es im achten Kapitel des Römerbriefes schreibt: „Denn das ängstliche Harren der Kreatur wartet darauf, dass die Kinder Gottes offenbar werden."

Die „Kinder Gottes" – das gerade ist der Mensch, wie er seinem tiefsten, seinem höchsten Wesen nach einst von der göttlichen Welt gedacht und geschaffen worden ist! Die Kinder Gottes werden offenbar, wenn das wahrhaft Menschliche geboren wird, wenn Liebe und Mitleid in der Seele aufkeimen, unversieglich, unbesieglich, immer stärker, nie mehr endend...

Die zweite Geschichte schlägt die Brücke vom Mitleiden zur tätigen, zur verwandelnden, zur Wunder vollbringenden Kraft der Liebe. Alles Leiden kann geheilt werden, wenn die *Liebe* zu wirken beginnt. Alles Kranke kann gesund werden, alles Böse kann gut werden, alles Zerstörte kann wieder aufgebaut werden, alles Hoffnungslose kann zu einem neuen Anfang geführt werden, wenn die Liebe ihr alles heilende Wirken beginnt...

Erleben wir noch einmal von neuem das wunderbare Wesen der Liebe in den Worten des ersten Korintherbriefes:

„Die Liebe ist langmütig und freundlich, die Liebe eifert nicht, die Liebe treibt nicht Mutwillen, sie bläht sich nicht auf, sie verhält sich nicht ungehörig, sie sucht nicht das ihre, sie lässt sich nicht erbittern, sie rechnet das Böse nicht zu, sie freut sich nicht über die

Ungerechtigkeit, sie freut sich aber an der Wahrheit; sie erträgt alles, sie glaubt alles, sie hofft alles, sie duldet alles. Die Liebe hört niemals auf..."

Die Geschichten von Manfred Kyber sind nicht nur vom Buddhismus durchdrungen – der Buddhismus ist bei Kyber seinerseits vom Christus-Impuls durchdrungen.

Der ursprüngliche buddhistische Impuls gab den Weg der Erlösung von der Erde, von der Notwendigkeit der Inkarnationen, des „Rades der Wiedergeburt". Das aber, was das Wesen des Christus als Impuls auf die Erde brachte und für alle Zeiten mit der Erde verband, ist die *Kraft der Liebe* in all ihrer Fülle. Die Liebe ist eine Kraft, die nicht flieht und nicht fliehen muss, weil sie alles zu verwandeln vermag. Sie ist die umfassende, unerschöpfliche Kraft der *Wandlung*.

Gerade *diese* Kraft lebt in Kybers Geschichte „Das Tagewerk vor Sonnenaufgang". Nur vordergründig scheint es ausschließlich um den ewigen Wandel der Daseinsformen zu gehen. Wäre dies der alleinige Inhalt, so wäre dieser ausschließlich buddhistisch. Doch der Kern der Geschichte ist eine ganz andere Wandlung: die Wandlung des Kranken und des Bösen in das Geheilte und das Gute. Und das ist reinste Christus-Kraft...

*

Die Wirklichkeit des Christuswesens, jenseits aller Dogmen und vereinnahmenden oder einengenden, begrenzenden Vorstellungen habe ich in keiner der heute verbreiteten Konfessionen gefunden; auch nicht in den verschiedenen New-Age-Strömungen – sondern nur bei Rudolf Steiner. Aus seiner Geistes-Wissenschaft, seinem Geist-Erleben heraus konnte er über Christus so sprechen wie keiner vor ihm. So, wie es für das heutige Denken, wenn dieses „guten Willens" ist, fassbar ist – und doch weltenweit, unfassbar weit und groß; und zugleich wiederum dem Menschen unendlich nah, sogar näher, als dieser sich selbst ist...

Spüren wir, wie die Kraft der Liebe auch alles durchzieht, was in folgenden Worten Rudolf Steiners liegt – geschrieben in seinem Grundwerk „Wie erlangt man Erkenntnisse der höheren Welten?":

Die zweite Bedingung ist, sich als *ein Glied* des ganzen Lebens zu fühlen. In der Erfüllung dieser Bedingung ist viel eingeschlossen. Aber ein jeder kann sie nur auf seine eigene Art erfüllen. Bin ich Erzieher und mein Zögling entspricht nicht dem, was ich wünsche, so soll ich mein Gefühl zunächst nicht gegen den Zögling richten, sondern gegen mich selbst. Ich soll mich so weit als eins mit meinem Zögling fühlen, daß ich mich frage: „Ist das, was beim Zögling nicht genügt, nicht die Folge meiner eigenen Tat?" Statt mein Gefühl gegen ihn zu richten, werde ich dann vielmehr darüber nachdenken, wie ich mich selbst verhalten soll, damit in Zukunft der Zögling meinen Forderungen besser entsprechen könne. Aus solcher Gesinnungsart heraus ändert sich allmählich die ganze Denkungsart des Menschen. Das gilt für das Kleinste wie für das Größte. Ich sehe aus solcher Gesinnung heraus zum Beispiel einen Verbrecher anders an als ohne dieselbe. Ich halte zurück mit meinem Urteile und sage mir: „Ich bin nur ein Mensch wie dieser. Die Erziehung, die durch die Verhältnisse mir geworden ist, hat mich *vielleicht* allein vor seinem Schicksale bewahrt." Ich komme dann wohl auch zu dem Gedanken, daß dieser Menschenbruder ein anderer geworden wäre, wenn die Lehrer, die ihre Mühe auf mich verwendet haben, sie hätten ihm angedeihen lassen. Ich werde bedenken, daß mir etwas zuteil geworden ist, was ihm entzogen war, daß ich mein Gutes gerade dem Umstand verdanke, daß es ihm entzogen worden ist. Und dann wird mir die Vorstellung auch nicht mehr ferne liegen, daß ich nur ein Glied in der ganzen Menschheit bin und *mitverantwortlich* für alles, was geschieht.

Das gesamte Buch, aus dem dieses Zitat stammt, ist eigentlich ein wahres Schulungsbuch, um sich von der Selbstbezogenheit loszureißen und immer mehr dem wahren Wesen der Seele entgegenzugehen, entgegenzustreben, in innerer Läuterungs- und Wandlungsarbeit...

Und so ist auch die ganze Anthroposophie Rudolf Steiners ein leuchtender Weg zu einer immer weitergehenden Verwirklichung des wahren Menschentums. Wörtlich übersetzt bedeutet Anthroposophie „Weisheit des Menschen". Aber diese lebendige Weisheit *verwandelt* den ganzen Menschen, macht ihn zu einem voll-

kommen anderen, als er es bis dahin war. Sie führt ihn zu sich selbst... Rudolf Steiner sagte einmal:
„Im Grunde genommen soll ja Anthroposophie nicht anderes sein als jene Sophia, das heißt jener Bewusstseinsinhalt, jenes innerlich Erlebte in der menschlichen Seelenverfassung, die den Menschen zum vollen Menschen macht. Nicht ‚Weisheit vom Menschen' ist die richtige Interpretation des Wortes Anthroposophie, sondern ‚Bewusstsein seines Menschentums'."

Dieses Bewusstsein verbindet den Menschen zugleich mit allem, was ihn umgibt – und was den abstrakten Verstand, der an die lebendige Weisheit niemals auch nur von ferne heranreichen kann, weit übersteigt. Der Verstand hat keinen Zugang zu der Realität der Freiheit, der Liebe, der Wesenserkenntnis, zur vollen Wirklichkeit. Anthroposophie baut diesen Zugang, indem sie den Menschen zu sich selbst und zur vollen Wirklichkeit führt. Sie ist die Brückenbauerin schlechthin...

***

Wenn die Seele wirklich eine Sehnsucht nach dem Guten zu empfinden beginnt, erwacht in ihr allmählich auch die Sehnsucht nach innerer Entwicklung und Läuterung, das heißt, nach einer Entwicklung ihrer selbst zum Guten.

Eine Grundbedingung für diese innere Entwicklung ist die Seelenkraft der *Ehrfurcht*. Auf dem Boden dieser Kraft können all jene Fähigkeiten sich entwickeln, die eine immer reiner werdende Seele zu entwickeln vermag. Nicht falsche Unterwürfigkeit ist mit dieser Kraft gemeint, sondern eine Fähigkeit, die wahrhaftig ein Schlüssel zur Heiligung der Seele ist.
Empfindungen der Ehrfurcht und der Andacht machen die Seele überhaupt erst wieder fähig, tief zu empfinden. Es sind reale Kräfte, die die Seele wahrhaftig vertiefen, die ihr gleichsam immer tiefere Wurzeln geben. Auch dies muss man in eigener innerer Erfahrung selbst erleben – und wird es dann ganz gewiss unmittelbar empfinden können. In dem Maße, in dem sich die Seele mit der Stimmung der Ehrfurcht durchdringen kann, vermag sie, ihre

Oberflächlichkeit, ihre Schnelllebigkeit, ihre Selbstbezogenheit abzulegen und sich für das zu öffnen, was sie wirklich umgibt...

Manche Menschen verbinden mit Ehrfurcht tatsächlich nur etwas Negatives, Unterwürfiges. Der Grund hierfür liegt in dem jahrhundertelangen Missbrauch dieses Begriffes. Doch schon eine kurze Besinnung kann uns empfinden lassen, dass das wahre Wesen der Ehrfurcht etwas vollkommen anderes ist.

Empfinden wir nicht zum Beispiel – wenn wir uns ein tieferes Empfinden bewahrt haben – etwas von Ehrfurcht, wenn wir unerwartet unweit vor uns plötzlich ein scheues Reh auf einer Lichtung erblicken? Und ist dies etwas Negatives, nimmt uns dies irgendetwas von unserer inneren Würde? Nein, im Gegenteil – es *vertieft* nur alles, was wir innerlich überhaupt empfinden.
Ehrfurcht verbindet mit der wirklichen *Realität*. Letztlich kann fast alles in der Welt im besten Sinne eine Ehrfurcht entzünden.

Wenn wir Ehrfurcht vor dem Wesen eines Kindes empfinden, ermöglicht uns dies ein tieferes Erkennen, als es sonst möglich wäre. Und zugleich hindert uns dies nicht daran, zum Beispiel für das kleine Kind die innig geliebte „natürliche Autorität" zu sein. Die Erkenntnis, was das Kind in Wirklichkeit braucht und sucht, wird durch die wahre Ehrfurcht nur tiefer und klarer. Nicht vor dem Kind haben wir Ehrfurcht, sondern vor dem Wesen des Kindes; vor dem, was ein Kind eigentlich ist, vor dem Geheimnis des Kindseins...

Ebenso ist es mit dem Mitmenschen. Wir können dem anderen Menschen, dem Menschenbruder und der Menschenschwester gegenüber gerade dann Ehrfurcht empfinden, wenn wir tief erleben, dass sie *auch* Menschen sind, individuelle Menschen mit der Fähigkeit, innerlich zu streben, mit einem individuellen Schicksal und so weiter.

Und wenn wir uns schließlich der göttlichen Welt zuwenden, dann dürfen wir wahrhaft aufblicken und brauchen uns dessen nicht zu schämen. Auch dies hat nicht mit Unterwürfigkeit zu tun – jedoch sehr wohl mit der Bereitschaft, innerlich zu *opfern*, insbesondere die eigene Selbstsucht. Dies ist nur jenem Menschen möglich, der sich auch ohne Selbstsucht innerlich halten kann. Die wahre Ehrfurcht ist also gerade ein Zeichen innerer Seelenkraft – und eine Fähigkeit, die den Menschen immer mehr zu seinem wahren Wesen führt.

Ohne die Fähigkeit der Ehrfurcht, der wahren Andacht, bleibt die Seele in gewisser Weise tot. Sie wird nicht tief genug, bleibt zu sehr an der Oberfläche. Und sie wird nicht selbstlos genug, bleibt zu stolz, zu sehr mit sich selbst verklebt...

In ähnlichem Sinne sagt Rudolf Steiner einmal:[3]

Eigentlich müßten alle unsere höheren Empfindungen beginnen können mit der Grundempfindung des Dankes dafür, daß uns die kosmische Welt aus sich herausgeboren und in sich hineingestellt hat. Eine Weltanschauung, eine Philosophie, die auf abstrakte Anschauungen sich beschränkt, und nicht ausströmt in Dankbarkeit des Empfindungslebens gegenüber dem Kosmos, ist keine vollständige Philosophie. Sie ist eine Philosophie für die Kopfbetätigung, nicht für das Erleben des ganzen menschlichen Organismus. Eine Kopfbetätigung, die aber den übrigen Organismus nicht erwärmen kann, macht nicht glücklich, sondern unglücklich. Denn sie entwickelt sich wie ein Fremdkörper, wie eine seelische Geschwulst. Das Schlußkapitel einer jeden Philosophie sollte in diesem Gefühle der Dankbarkeit gegenüber den kosmischen Mächten auslaufen. Und wenn der Autor dies auch nicht unmittelbar sagt, so sollte es doch im Leser angeregt werden. Diese Dankbarkeit aber muß vor allen Dingen der Lehrer, der Erzieher haben. Es muß sie auch instinktiv jeder Mensch haben, dem ein Kind zur Erziehung anvertraut ist. Es ist auch das erste Bedeutungsvolle, das durch eine spirituelle Erkenntnis erreicht wird, daß man die Dankbarkeit schöpft für die Tatsache, daß man ein Kind zur Erziehung erhalten hat. Ehrfurcht vor dem geheimnisvollen Wesen des Kindes – Ehrfurcht und Dankbarkeit sind in diesem Punkte nicht zu trennen – muß der Anfang der Gesinnung sein, mit welcher der Erzieher an seine Aufgabe geht. Es gibt nur eine Stimmung gegenüber dem Kinde, welche die richtigen Impulse zum Erziehen und Unterrichten gibt; und das ist gerade dem Kinde gegenüber die religiöse Stimmung.

---

[3] 19.8.1922, GA 305, S. 71f.

Erwecken wir also die Ehrfurcht in uns...

Versuchen wir, zu spüren, wie die Seele in eine wirkliche Heimat zurückkehrt, wenn sie ehrfürchtig zu werden vermag. Versuchen wir, die innere Bewegung zu empfinden, die die Seele innerlich vollzieht, wenn sie ehrfürchtig zu werden versucht, werden will... Wie sie zu schweigen beginnt, zu staunen; nicht mehr zu urteilen. Wie all das Gewöhnliche zu schweigen beginnt – und wie stattdessen eine ganz andere Kraft die Seele erfüllt und ... heiligt. Eine heilige Stille erfüllt die Seele, und eine im gewöhnlichen Leben nie gekannte *Hingabe*.

Es ist eines, dies in Worten auszudrücken zu versuchen und in diesen Worten nachzuvollziehen. Ein anderes aber ist es, dies dann auch wirklich unabhängig von diesen Worten wiederum zu tun. Und am nächsten Tag wiederum. Wir können zwar sehr schnell spüren, dass wir eine Ahnung von diesen Empfindungen haben können; dass wir fähig sind, sie zu erwecken, wenn auch zunächst sehr schwach und tastend. Aber ein ganz neuer Schritt ist es dann, dies nicht nur einmal zu prüfen und zu bemerken, sondern es zu einer Wirklichkeit machen zu wollen; es zu üben; eine Sehnsucht danach zu bekommen, dass solche Empfindungen ein realer Teil des eigenen realen Lebens werden...

Wir *können* diese Empfindungen vielleicht erwecken – doch wenn wir es nicht *tun*, haben sie keine Realität in uns, haben wir an ihnen keinen Anteil... Dann können wir zwar das Gefühl und das Wissen genießen, dass wir zu solchen Empfindungen fähig sind – aber dies allein ist ganz sinnlos, kann nur zu Illusionen führen. Von Bedeutung sind nur jene Momente, wo wir solche Empfindungen *wirklich* erwecken und haben; und wiederum ... und dann wiederum. Sie immer wieder erwecken, bis sie eines Tages in unserer Seele wirklich zu *leben* beginnen, ein Teil unseres *Wesens* werden. Welchen Sinn würde die leise oder deutlich empfundene Sehnsucht der Seele nach Vertiefung sonst haben, wenn nicht den, dass diese Vertiefung tatsächlich eine Realität wird?

Es ist möglich, ein *Mensch* zu werden, der den Erscheinungen der Welt immer wieder mit einer stillen, zarten, reinen Ehrfurcht begegnet. Dann ist die Seele nicht mehr in der Situation, dass sie bemerkt, zu solchen Empfindungen überhaupt fähig zu sein – sondern dann ist sie *selbst* eine andere geworden, sie hat sich verwandelt, hat etwas Heiliges in sich aufgenommen, eine heilige und heiligende Fähigkeit ganz sich zueigen gemacht, zu einem Merkmal ihres Wesens gemacht.

Wenn dies wirklich erreicht ist – dass eine solche Fähigkeit ein Teil des eigenen Wesens wird –, dann muss sich der Mensch nicht mehr anstrengen, diese Fähigkeit überhaupt einmal ein wenig zu entfalten, sondern er müsste sich vielmehr anstrengen, es nicht zu tun. Er *will* gar nicht mehr anders, als das eigene, vorschnelle, viel zu grobe Urteil *schweigen* zu lassen; er will gar nicht mehr urteilen; er will vielmehr lauschen, still sein, andächtig lauschen und schauen und die Dinge und Wesen sich wahrhaft selbst aussprechen und offenbaren lassen...

Damit ist natürlich nicht gesagt, dass das Leben auch eines solchen Menschen nicht genügend Situationen mit sich bringen kann, in denen er doch urteilen muss, in denen er sich in ganz anderer Form in das Leben hineinstellen muss als ehrfürchtig wartend und mit allen Sinnen lauschend und wahrnehmend. Und doch wird es für ihn immer ein Ideal bleiben, nicht zu urteilen, wann immer es möglich ist; ehrfürchtig wahrzunehmen, wann immer es möglich ist – und genau das wird er tun. Die sich läuternde Seele weiß, was das Richtige ist. Die Verwandlung und Auflösung der Selbstsucht, die mit der Entwicklung dieser reinen Stimmung der Ehrfurcht einhergeht, gibt der Seele auch ein immer tieferes Wahrnehmen und damit auch ein immer tieferes Wissen, was jeweils das Gute und das Richtige ist. Auch darauf erstreckt sich die wachsende Fähigkeit des „Lauschens". Und richtig verstanden ist dies überhaupt kein Gegensatz zu entschlossener Aktivität, wann immer es notwendig sein wird...

*

Besinnen wir uns auf die Ehrfurcht gegenüber dem, was in seiner Entwicklung unter dem Menschen steht: das Tierreich, das Reich des Pflanzlichen, das Reich des Mineralischen.

Das Gefühl der Ehrfurcht braucht andere Gefühle und Gedanken, durch die es erweckt werden kann. Wir können die Schönheit und auch die unzähligen Wunder der Natur bewundern und uns wirklich in die Stimmung der Ehrfurcht vor dieser Schönheit und diesen Wundern versetzen. Wenn wir letztlich empfinden, dass diese Wunder mit einer göttlichen Welt zu tun haben, ist unsere Ehrfurcht bereits noch umfassender geworden, erstreckt sich nicht mehr nur auf die Naturreiche allein...

Aber selbst wenn wir ganz bei diesen bleiben, können wir doch tief berührt werden von der Tatsache, dass in einem kleinen, zarten Vogelleib dieses unbändige, dieses zugleich so verletzliche *Leben* steckt; dass dieser kleine Vogel ebenso lebt und leben will wie wir; dass er sein Lied singt, dass er uns mit diesem Gesang, dessen er sich selbst völlig unbewusst ist, tief erfreuen, glücklich machen kann. Und dass, je mehr wir auf die kleinen Momente wirklich wieder aufmerksam werden, es unendlich vieles gibt, was ebenso in uns ein Gefühl des Glückes erwecken kann – ein Gefühl, zu leben inmitten von Schönheit und anderem Leben, das leben will... Fortwährend berührt von all den unzähligen Wundern des Lebens, die einen umgeben.

Haben wir schon einmal die vielen Blüten aus der Nähe betrachtet? Im Gegenlicht der Sonne erstrahlen sehen? Welch ein Wunder ist die Pracht der Kirschblüte! Eine zarte Krokusblüte. Wie schön ist ein kleines Vergißmeinnicht... Lernen wir wieder, all dies wirklich zu *sehen*!

Und die Ehrfurcht vor der *Schönheit* der Schöpfung in ihrer unendlichen Vielfältigkeit ist nur das eine – hier geht sie über in Glück, in Freude, in Dankbarkeit.

Das andere ist die Ehrfurcht vor der Tatsache, dass wir dem Tierreich, dem Pflanzenreich und dem Mineralreich unser *Dasein* verdanken. Wir könnten gar nicht leben, wenn es nicht diese Reiche gäbe, die unter dem Menschen stehen. Und auch dies kann man unendlich vertiefen, als Gedanken, als Gefühl, als Erkenntnis, als ein Erleben, das einen tief ergreifen kann...

Eine Stufe der Ehrfurcht ist diejenige Ehrfurcht, die man gegenüber dem empfinden kann, was wirklich sein Sein und sein Leben für unser Dasein hingibt. Ehrfurcht vor dem Tier, das getötet werden muss und getötet wurde, wenn wir sein Fleisch essen wollen... Auch Ehrfurcht vor dem Korn, dem Getreide, dem wir unser Brot verdanken; vor allen Pflanzen, denen wir unser tägliches Mahl verdanken. Und sogar Ehrfurcht vor dem Stein, vor allen Mineralien, denen wir unsere Behausung verdanken, unsere Maschinen, unser ganzes Alltagsleben – und schließlich sogar den Boden, auf dem wir gehen und fest stehen können, der uns trägt...

Wenn wir wirklich einmal real empfinden, wie sehr wir diese Naturreiche brauchen, dann können wir schließlich sogar zu dem Gedanken, vielleicht sogar zu der Ahnung kommen, dass diese Reiche um unseres Daseins willen zurückbleiben *mussten*; dass sie möglicherweise ihre eigene Entwicklung um des Menschen willen geopfert haben... Selbst wenn wir einen solchen Gedanken zunächst nur als bloße Möglichkeit nehmen, kann er selbst in dieser Form schon helfen, die Ehrfurcht ungeahnt zu vertiefen.

Doch ob hinter den Naturreichen noch ein unvorstellbares Opfer steht oder nicht: ohne sie könnten wir nicht einen Moment existieren – es gäbe keine Schönheit, keine Freude, überhaupt keine äußere Welt, keine Sinneseindrücke von dieser, nicht einmal einen tragenden Boden... Versuchen wir einmal – und immer wieder – die Bedeutung dieser Tatsache zu erleben; diese Erkenntnis zu erfassen!

Existieren und Schönheit und Freude empfinden könnte bzw. müsste der Mensch ohne die Naturreiche allein rein geistig...

*

Besinnen wir uns auf die Ehrfurcht gegenüber dem, was uns gleich ist – der andere Mensch, der Mitmensch, der Menschenbruder und die Menschenschwester...

Es geht in diesem Buch nirgendwo darum, einen schnellen, einfachen Weg zu beschreiben bzw. diesen Weg als einfach hinzustellen. Es gibt unzählige spirituelle Literatur, in der mit ein paar Schlagworten von „Liebe" und „positiven Gedanken" im Grunde schon alles gesagt ist. Solche Literatur ist nicht immer im gröbsten Sinne oberflächlich – und doch geht sie nie tief genug.

Es reicht einfach nicht, das Positive nur zu beschwören, als sei es mit wenigen einfachen Gedanken schon da. Möglicherweise ist dann schon irgendetwas da, aber dann doch immer auch als Illusion, als trügerisches Selbstbild. Da, wo die Liebe mit Worten heraufbeschworen wird, die sozusagen selbst schon den Eindruck von Duftöl und Räucherstäbchen hinterlassen, wo gleichsam über die Erde hinweggeschwebt wird und dazu aufgerufen wird, „einander lieb zu haben", geht der Impuls, um den es geht, nicht tief genug – und dadurch ist es auch nicht der richtige Impuls. Diese Liebe bleibt immer auch Selbstliebe. Wir haben die gleichen Worte, aber es sind vollkommen andere *Realitäten*.

Möglicherweise sind bestimmte Menschen in dieser Weise bereits sehr „liebevoll", „positiv" und so weiter. Untereinander mögen sie auch gut zurechtkommen. Dennoch sieht man auch bei ihnen das, was unverwandelt bleibt, und das, was oberflächlich bleibt. Die Welt können sie nicht verwandeln. Sie können nur dazu aufrufen – und tun das auch oft –, dass doch „alle" so liebevoll und so positiv miteinander umgehen mögen...

Man kann es ein wenig mit etwas anderem vergleichen. Wenn ein Kind sich gestoßen hat oder ein anderes Leid hat, dann kann man oft hören, wie seine Mutter oder sein Vater zu ihm sagt: Ach, so schlimm war das doch nicht! – Man vertiefe sich einmal in solche Worte und dann in die reale Situation des Kindes. Man bekommt dann ein Gefühl für das, was ich mit „oberflächlich" meine. Die Ebene der *Wirklichkeit* wird nicht erreicht, allenfalls gestreift.

In unzähligen Fällen ist die im Sinne der modernen spirituellen Lebensratgeber verkündete „Liebe" mit einem ebensogroßen *Hochmut* verbunden. Solange man sich aber auf die Liebe irgendetwas einbildet, sei es noch so subtil, hat sie mit der wahren, der weltverwandelnden Liebe noch sehr, sehr wenig zu tun. Solange diese Liebe zugleich sehr wohlig das nun um so positivere Selbstbild nährt, ist diejenige Liebe, von der zum Beispiel der Korintherbrief spricht, eigentlich noch gar nicht erreicht. Die wirkliche Liebe bedeutet zugleich wahre Demut, wahre Selbstlosigkeit. Es *ist* kein einfacher Weg, es ist nicht der Weg der New-Age-Literatur.

Was in diesem Buch versucht wird, ist, immer wieder deutlich zu machen, dass es nicht darum geht, sich durch schöne Gedanken gewisse Dinge vor allem einzureden und in ein falsches, recht illusionär werdendes Selbstbild einzugliedern, sondern dass die wirkliche Veränderung nur aus etwas hervorgehen kann, was mehr ist als nur Vorstellung: Zum einen ist es immer wieder notwendig, zu *erleben*, was zum Ausdruck zu bringen versucht wird; also die angedeuteten Seelenbewegungen innerlich real zu spüren und zu versuchen. Und zum anderen ist es notwendig, das, was in einem Buch zunächst nur zum Ausdruck gebracht werden kann, *wiederholt* zu erleben, zu üben, immer mehr zu vertiefen – denn erst so wird es wirklich *Leben*.

*

Besinnen wir uns also auf die zweite Ehrfurcht – die Ehrfurcht gegenüber dem, was uns gleich ist: der andere Mensch, der Menschenbruder und die Menschenschwester...

Wo finden wir diese Ehrfurcht? Wenn wir an unseren vielleicht unsympathischen Nachbarn denken; an den Arbeitskollegen, mit dem wir gerade heute wieder Streit hatten; an den Menschen vor uns an der Kasse, mit dem wir einfach überhaupt nichts zu tun haben – und so weiter: wo finden wir diese Ehrfurcht?

Nun, wir wissen es innerlich eigentlich sehr genau. Wir finden in uns doch jene innere Stimme, die uns auf eben diese Fragen unmittelbar eine Antwort geben kann. So, wie die Worte oben formuliert sind, finden wir sie natürlich niemals. Wenn wir bei jenen gewöhnlichen, sehr häufigen Gefühlen bleiben, die oft und allzuoft unseren Alltag bestimmen, finden wir das Gefühl der Ehrfurcht gegenüber unserem Mitbruder nicht – denn wir finden den *Bruder* gar nicht...

Der erste Schritt wäre auch hier das ernsthafte Bemühen, die unmittelbaren Urteile immer mehr zurückzuhalten, überhaupt erst einmal eine Sehnsucht danach zu entwickeln, eigentlich möglichst wenig Antipathie zu empfinden, nicht so schnell, nicht so oft, nicht so stark... Denn wenn die Urteile schweigen oder zumindest leiser werden, dann wird es schon möglich werden, den Mitmenschen zu finden.

Man kann eine Situation und damit auch sich selbst einmal ganz von außen betrachten. Man kann sich einmal vorstellen, es hätte jemand anders Ärger mit dem Kollegen oder auch mit einem selbst gehabt. Man kann sich vorstellen, man hätte an der Kasse unendlich viel Zeit, müsste aus keinem einzigen Grund genervt sein. Man kann sich sehr, sehr viel vorstellen, um einmal aus sich herauszutreten und dadurch auch seine Antipathien und übrigen Gefühle zu verändern.

Doch dies ist nur ein erstes Hilfsmittel. Tiefer wirkt man natürlich nur, wenn einem dieses Besänftigen der eigenen Gefühlsurteile immer mehr zur Gewohnheit wird – wenn man wirklich bis in die eigenen Gefühle hinein arbeitet.

Aber es geht ja nicht nur darum, den anderen Menschen gegenüber möglichst keine Antipathien mehr zu empfinden – es geht vielmehr darum, den Mitmenschen überhaupt erst wirklich *sehen* zu lernen. Er *ist* der Menschenbruder – aber das sehen wir im Allgemeinen überhaupt nicht! Wir sehen nicht einmal, was für ein besonderer, individueller Mensch er *überhaupt* ist. Wir bemerken wahrscheinlich nicht einmal die Kleidung, die er heute anhat; wir achten erst recht nicht darauf, was für ein Mensch er eigentlich ist. Bei Arbeitskollegen wissen wir es ein wenig besser – aber *interessieren* tut es uns nur in Ausnahmefällen.

Auch hier können wir niemals Ehrfurcht entwickeln, wenn wir nicht *sehen* lernen. Es ist hier sogar noch schwieriger als gegenüber den Naturreichen. Denn die Tiere, die Blumen, die Steine – sie sind uns ja in aller Regel nicht unsympathisch. Wir kommen der Natur eigentlich zumeist schon mit Sympathie entgegen – wie leicht ist es dann eigentlich, auch in die Empfindung der Ehrfurcht hineinzukommen! Das ist bei den Menschen nicht immer so leicht. Wir wollen den Menschen oft gar nicht begegnen und müssen es dennoch. Der Natur wollen wir eigentlich immer begegnen, haben sie oft viel zu wenig.

Beim Menschen ist es auch schwieriger, über das unmittelbare Staunen, über die Schönheit in eine Ehrfurcht zu kommen. Hier ist die Bildung richtiger Gedanken, die überhaupt erst die Stimmung der Ehrfurcht ermöglichen, um so wichtiger. Die Natur ist *an sich* schön – denn sie ist unschuldig, ihre unendliche Fülle der Wunder wird nicht getrübt von jener Selbstbezogenheit, die dem Menschen eigen ist. Und eigentlich ist es diese Selbstbezogenheit, die den Menschen nicht immer schön macht...

Wenn wir mit Tieren zusammenarbeiten oder in einer Schlange an der Kasse stehen müssten, würden wir vielleicht auch ihnen gegenüber manche Antipathie empfinden. Also überall da, wo es nicht ganz nach unserem Sinne geht, liegen negativ gefärbte Gefühle sehr nahe. Das ist dann auch *unsere* Selbstbezogenheit, und natürlich machen auch unsere Antipathien *uns* weniger schön...

Aber hier haben wir zugleich auch einen ersten Zugang zum Mitmenschen: Im Alltag haben wir viele Sorgen; wir haben es eilig, wir haben Streit, wir haben Konflikte, Stress, zu viele Aufgaben auf einmal; manches überfordert uns und so weiter. Selbst dies ist eigentlich unmittelbar eine Brücke zum Mitmenschen – dann nämlich, wenn wir einmal zu erleben versuchen, dass auch dieser Mitmensch ganz ähnliche Sorgen hat. Es ist ja zumeist nicht so, dass er uns ärgern will oder den Konflikt mit uns sucht – sondern seine Situation ist ja eine ganz ähnliche, nur aus seiner Sicht. Sich dies einmal klarzumachen, kann schon sehr viel für das *Verständnis* des Mitmenschen bedeuten...

Doch vertiefen kann sich dieser Anfang nur, wenn wir noch mehr aus uns herausgehen, uns noch mehr dem anderen Menschen zuwenden. Aus dem bloßen Verstehen, dass der Andere prinzipiell in der gleichen Situation ist wie wir, kann echtes *Interesse* werden. Interesse ist nie bloß allgemein und prinzipiell, sondern immer konkret, auf den bestimmten Menschen gerichtet. Wenn es uns gelingt, Interesse zu entwickeln, dann beginnen wir, den konkreten, individuellen anderen Menschen wirklich zu *sehen*.

*

Interesse fremden Menschen gegenüber, das nicht von gewöhnlicher Sympathie ausgeht, muss einen anderen Ursprung haben, sonst kann es nicht entstehen. Es muss aus einem Bild vom Menschen – einem Menschenbild – kommen, das von sich aus zu einem Interesse, einem Wohlwollen in Bezug auf den anderen Menschen führt...
Und Ehrfurcht gegenüber dem Menschenbruder kann auch nur entwickelt werden, wenn es gelingt, im anderen Menschen den Bruder zu sehen. Es ist also entscheidend, welche *Gedanken* wir zu denken in der Lage sind!

Und dennoch können wir zunächst ganz im Alltag ansetzen. Machen wir uns doch einmal wirklich klar, was der andere Mensch für ein Leben hat – und sei es ganz fiktiv, denn vieles können wir zunächst ja gar nicht real wissen, oft sogar fast nichts. Aber mehr allgemein können wir es uns dennoch klar machen. Denn auch der Andere hat eine Arbeitsstelle, hat dort Aufgaben und Sorgen, hat vielleicht Probleme mit Kollegen, mit dem Chef. Und vielleicht hat er auch eine Frau, auch Kinder. Vielleicht sind diese in einem ähnlichen Alter wie die eigenen, vielleicht noch viel jünger, vielleicht schon viel älter. In jedem Fall wissen wir, wieviel Arbeit und Mühe – bewundernswerte Mühe – es kostet, für eine Familie zu sorgen. Wieviel Freude es auch macht. All dies wissen wir aus *unserer* Erfahrung – und können jetzt aber zugleich empfinden, dass unser Mitmensch *ebenfalls* solche und andere Erfahrungen macht, jeden Tag.

Erleben wir den unendlichen Unterschied zur gewöhnlichen Wahrnehmung? Im gewöhnlichen Alltag nehmen wir den Mitmenschen, wenn er uns nicht sehr eng betrifft, kaum bis gar nicht wahr. Er gehört zur Umwelt, aber mehr wie eine Art „Einrichtung" als wirklich als ein individueller *Mensch*, der ebenso ein reales Leben hat wie wir. Wir müssen erst lernen, ihn zu *sehen*, und das bedeutet eigentlich, ihn mit Interesse, mit bewusster Wahrnehmung in unser Leben mit hineinzunehmen...

Es ist eigentlich ein langer Weg, den anderen Menschen – und es sind ja immer viele Menschen, denen wir täglich begegnen – wirklich nicht mehr als „Einrichtung" und „allgemeinen Teil der Umwelt" zu betrachten, sondern wirklich den *Menschen* zu sehen zu beginnen. Wenn dies aber geschieht, dann wird man selbst bemerken, dass ein Interesse entsteht, dass die Wahrnehmung sich vertieft, genauer wird, bewusster wird. Man *kann* den Menschen gar nicht wahrhaft als Menschen wahrnehmen, wenn man ihn nicht so bewusst wahrnimmt. Indem also die Sehnsucht erwacht, den Anderen immer mehr wirklich als Menschen wahrzunehmen – mit allem, was das heißt –, erwacht also gleichzeitig die Sehnsucht und auch das Vermögen, immer bewusster wahrzunehmen: es ist gleichsam ein und dasselbe. Man kann es sogar umkehren: Indem man sich bemüht, immer bewusster wahrzunehmen, wird man auch immer *mehr* den wirklichen *Menschen* wahrnehmen.

Wie hängt nun dies alles mit der Ehrfurcht zusammen? Nun, wenn ein wahrhaftiges Interesse am anderen Menschen erwacht ist, dann ist auch der Schritt zu einer wirklichen Übung der Ehrfurcht möglich.

Wir können inzwischen empfinden, dass hier nicht eine Ehrfurcht gemeint ist, die einem Menschen mit überragenden Fähigkeiten gilt, der innerlich oder äußerlich mit weit entwickelten Fähigkeiten über einem steht. Gemeint ist jene Ehrfurcht, wie sie dem Menschen *im allgemeinen* gegenüber empfunden werden kann – einfach, weil er der Mitmensch ist, der Menschenbruder.

Wenn im Mitmenschen in Wahrheit auch der Bruder, die Schwester erlebt werden kann, dann *ist* dies bereits ein Gefühl der Ehrfurcht, denn es geht weit über das Gewöhnliche hinaus; es wird ein Verbindendes empfunden, das im gewöhnlichen, im äußerlich-sinnlichen Leben gar nicht da ist. Es wird ein geistig Verbindendes empfunden, weil und indem der Mitmensch wirklich real zum Mitmenschen, zum Menschenbruder erhoben wird.

Dies kann sehr weit gehen und sehr konkret werden. Man kann sich immer tiefer und tiefer klar machen, dass dieser Mitmensch ein ganz individuelles Schicksal hat. Dass er vielleicht schon vieles erleiden musste – oder noch müssen wird. Dass er eine ganz einzigartige Individualität ist, die auch ein wirklich einzigartiges Schicksal hat. Dass er ein Mensch ist, dessen Seele und Geist ebenso ringen kann wie der meinige – vielleicht tut er es, vielleicht weniger, vielleicht sogar stärker. In jedem Fall ist sein Weg niemals derselbe wie der meine. Aber auch sein Leben ist von einzigartigem Wert, von einzigartiger Würde.
Was ist die Aufgabe dieses konkreten Mitmenschen? Was ist eigentlich sein Leben? Unter welchen Umständen lebt er wirklich? Hat er Kinder oder hat er keine Kinder? Was hat er selbst in der Kindheit erlebt – was erlebt er jetzt? Was sind seine Interessen? Was seine tiefsten Fragen...?

Man kann immer mehr dahin kommen, ein wirklich tiefes Interesse am anderen Menschen zu entwickeln. Immer mehr wird dann dem eigenen Blick sichtbar, dass der Andere ein individuelles Schicksal hat, immer mehr wird alles Individuelle sichtbar. Die Wirklichkeit ist immer einzigartig, und diese Einzigartigkeit tritt nun, gerade bei jedem einzelnen Menschen, immer bewusster in die Erscheinung, wird wirklich wahrgenommen.

Wenn man dann noch ein hohes, edles Menschenbild in sich trägt, das den Menschen als geistig-seelisches Wesen anschaut, dann braucht es nur noch eine wirkliche Besinnung auf alles bisher Gesagte und Versuchte, um innerlich zu einem tiefen Erleben der Ehrfurcht vor dem Mitmenschen kommen zu können...

Eigentlich reicht schon ein solches Menschenbild allein, um rein gedanklich das Gefühl der Ehrfurcht vor dem Mitmenschen in sich zu erwecken. Dieses Üben einer solchen Ehrfurcht wiederum kann seinerseits zu einem sehr vertieften Interesse an dem konkreten Mitmenschen führen.

Jeder Mensch kann selbst erleben, in welcher Reihenfolge er die inneren Fähigkeiten seiner Seele am besten erwecken kann. Fest steht, dass sie sich immer *gegenseitig* befruchten und stärken werden. Bei dem einen Menschen kann ein hohes Menschenbild das „Aufwachen" für die Sinneswelt befruchten, bei dem anderen ist gerade Letzteres der Weg, um allmählich zu einem vertiefteren, spirituellen Menschenbild zu kommen...

*

Und dann gibt es noch eine dritte Ehrfurcht – jene gegenüber dem, was höher steht als der Mensch, gegenüber einer göttlichen Welt...

Diese Ehrfurcht ist der Inbegriff von Ehrfurcht überhaupt, ist oft die einzige Form, an die ein Mensch denkt, wenn er sich einmal auf die Ehrfurcht besinnt. Sie sollte also eigentlich die am leichtesten zu erreichbare Form der Ehrfurcht sein. Aber ist sie es auch? Dem stellen sich andererseits gerade große Hindernisse entgegen. Viele Menschen haben es sehr tiefgreifend verlernt, eine göttliche Welt anzuerkennen, oder haben es sogar niemals getan. Und in uns allen, nämlich überhaupt im Intellekt, wie er in der heutigen Zeit geworden ist, wirkt etwas, was absolut nicht anerkennen will, dass irgendetwas über einem steht.

Der Mensch steht für sich selbst heute so sehr im Mittelpunkt, dass er zu allem eine eigene Meinung hat. Man braucht von einer Sache nicht die geringste Ahnung zu haben – aber eine eigene Meinung dazu beansprucht man dennoch! Das alles gehört zum Wesen des Intellekts, wie er in der modernen Menschheit heute geworden ist. Man lässt eigentlich nichts anderes gelten – sobald die eigene Meinung etwas Abweichendes sagt, wird alles andere durch sie einfach hinweggewischt.

Der moderne Mensch kann eigentlich überhaupt nicht ertragen, dass irgendjemand oder irgendetwas über ihm steht. In der Berufswelt muss er gewisse Hierarchien dann doch akzeptieren und erdulden, aber es widerstrebt ihm zutiefst, und wenn er es leicht könnte, würde er am liebsten selbst an der Spitze sitzen... Dieses Wesen des Intellekts macht dann vor einer göttlichen Welt auch nicht Halt. Eine solche wird vom Intellekt weder für nötig gehalten noch gewollt. Auch sie kann er mit einem Schlag leugnen und wegwischen, ignorieren, für Unsinn erklären...

Und selbstverständlich ist eine Erkenntnis einer göttlichen Welt ohne Ehrfurcht gar nicht möglich. Der Intellekt will eine solche nicht anerkennen – aber er könnte sie auch gar nicht erkennen, selbst wenn er es wollte. Er müsste sich zuerst selbst tiefgreifend verwandeln, etwas ganz anderes werden. Und er müsste die Ehrfurcht in sich aufnehmen, immer tiefer, sie wäre gerade eine der verwandelnden Kräfte.

Die Ehrfurcht gegenüber den Naturreichen und gegenüber dem Mitmenschen ist vielleicht noch relativ einfach – denn ihnen gegenüber können wir jederzeit zurückkehren in den Zustand des Ehrfurchtslosen, in den „normalen" Zustand, der ohne Ehrfurcht ist. Es besteht sozusagen keine Gefahr, man kann kurzzeitig, gewissermaßen versuchsweise, die Ehrfurcht üben – und sie dann wieder loslassen, vielleicht für immer. In Bezug auf eine göttliche Welt liegt die Sache etwas anders. Hier ist die Ehrfurcht eigentlich der natürliche, der notwendige Zustand, das fühlen wir natürlich auch. Die Abwehr der Ehrfurcht ist hier also stärker, und die Erringung der Ehrfurcht, wenn sie nicht (mehr) da ist, schwerer.

Die Ehrfurcht gegenüber der göttlichen Welt ist nicht ein solches gleichsam relativ unverbindliches Versuchsfeld wie die Ehrfurcht gegenüber den anderen beiden Reichen. Ehrfurchtlosigkeit gegenüber einer göttlichen Welt ist von Anfang an eine weitreichende Tatsache. Es ist denkbar, dem Mitmenschen gegenüber keine Ehrfurcht zu empfinden. Gegenüber einer göttlichen Welt ist dies nur möglich, wenn man sie leugnet.

Man kann die göttliche Welt selbst dann leugnen, wenn man abstrakt an sie glaubt. Der Mensch kann in Bezug auf die Ehrfurcht in einer tiefen Unwahrhaftigkeit leben. Nur dadurch gibt es so etwas wie ein „Sonntags-Christentum", wo man sonntags scheinheilig in die Kirche geht und doch sein Leben so führt, als gäbe es die göttliche Welt nicht. Selbst am Sonntag in der Kirche sonnt man sich dann eigentlich mehr in seinem vermeintlichen Glauben und Gut-Sein, als irgendetwas von wirklicher Ehrfurcht gegenüber Gott zu empfinden.

Es gibt andererseits auch eine „vorgestellte Ehrfurcht". Man stellt sich dann *vor*, Ehrfurcht zu haben, vielleicht hat man auch einige vage, flüchtige Gefühle – und doch kommt man an die Realität des Göttlichen und auch an die Realität des Gefühles der Ehrfurcht nicht einmal ansatzweise heran. Denn die wirkliche Ehrfurcht ergreift die Seele bis ins Innere – und hat verwandelnde Kraft. Wenn ein Mensch aber aus dem Gottesdienst geht und sofort wieder von seinem Alltagsbewusstsein ergriffen wird, entsprechend handelt und so weiter – oder aber allenfalls noch im Selbst-Genuss seiner Illusionen des Frommseins schwelgt –, offenbart sich darin höchstens der Mangel an wirklich religiösen Empfindungen und einer realen Beziehung zur göttlichen Welt.

Wirkliche Ehrfurcht macht demütig – und dies muss sich letztlich auch in einem völlig veränderten Umgang mit dem Menschenbruder, mit der sich offenbarenden Schöpfung äußern, sonst ist die Realität dieses Empfindens nicht da...
Wenn wir nicht bereit zur Demut sind, können wir auch die Ehrfurcht nicht finden. Dann aber hat es keinen Sinn, sich einer göttlichen Welt gegenüberzustellen und sich ihr zu nähern. Dann kann man sie wirklich nur leugnen.
Wenn wir aber eine göttliche Welt in irgendeiner Form anerkennen, *brauchen* wir das Gefühl der Ehrfurcht – sonst landen wir in einem bloßen Wissen. Ein solches bloßes Wissen würde aber zum Tode unserer Seele führen, denn eine göttliche Welt anzuerkennen und keine *Ehrfurcht* zu empfinden, führt unmittelbar in die Abstumpfung, in die Lähmung der Seele. Sie *sollte* bestimmte Gefühle haben – und hat sie dennoch nicht. Damit verurteilt sie

sich selbst zu einer realen Trennung von der göttlichen Welt. Trotz ihres Wissens baut sie eine Mauer, allein dadurch, dass die notwendigen Empfindungen nicht erweckt werden. Die Ehrfurcht ist der Weg zur göttlichen Welt, und wenn die Seele diesen Weg nicht baut, dann wird es immer unmöglicher, ihn zu bauen, denn er sollte von selbst entstehen, sobald die Seele vor die göttliche Welt hintritt...

Was aber können wir tun, um das Gefühl der Ehrfurcht zu erwecken, wenn wir dies wirklich *wollen*, es aber dennoch nicht ohne weiteres aufsteigt?

Wir können dann versuchen, zuerst die Demut zu erwecken. Dazu müssen wir den Hochmut überwinden – der unter anderem in all unseren Urteilen sitzt. Wir können versuchen, zu empfinden, wie man sich in jedem Urteil *über* dasjenige stellt, was man beurteilt. Das Urteil des Intellekts ist ein kaltes: Er „stellt Dinge fest", aber sie verlieren dadurch ihre Lebendigkeit, ihre Würde, sie sind beurteilt, der Intellekt hat die Verfügung über sie gewonnen. Worüber der Mensch mit seinem Urteil aber verfügt, das kann er nicht mehr bewundern und dem kann er sich auch nicht mehr ehrfürchtig nähern. Die einzige Möglichkeit ist, in der Seele denjenigen Bereich, der urteilt, ganz zu verlassen, und sich in jenen Bereich zu erheben, der *nicht* urteilt, der es vermag, anschauend zu verharren, nicht mit einem Urteil, sondern *vor* jedem Urteil, in reiner Bewunderung, reiner Ehrfurcht...

Das Urteil, selbst wenn es das positivste wäre, blickt im Grunde auf das Beurteilte hernieder – nur dadurch *kann* der Intellekt überhaupt urteilen, er *muss* sich erheben, um urteilen zu können. Die Ehrfurcht aber will gerade aufblicken, sie will sich nicht über etwas stellen, sondern sie will etwas über sich stellen, will es verehren...

Um Ehrfurcht empfinden zu können, müssen wir also in unserer Seele die *Bescheidenheit* kennenlernen, empfinden wollen. Wir müssen kennenlernen, wie sich dieses Empfinden anfühlt – und wir müssen lernen, es zu lieben. Wir müssen lernen, es zu lieben, auf unseren selbstzufriedenen Selbst-Blick und unser selbstgewisses Eigenurteil zu verzichten und all dies einmal loszulassen, um uns innerlich wahrhaft bescheiden zu machen, in bescheidener Nichtigkeit dazustehen und dann in Ehrfurcht zu dem *aufzublicken*, was wir verehren wollen. Eine Sehnsucht nach dieser Empfindung der Ehrfurcht müssen wir entwickeln! Immer tiefer spüren, dass wir wirklich nur in dem Maße der göttlichen Welt näherkommen können, wie wir die Ehrfurcht zu vertiefen fähig sind...

Wenn wir dann eines Tages in der Seele schließlich tatsächlich einmal die Grenze überschreiten und *wirklich* in das reale Gefühl hineinkommen, zum ersten Mal wirklich erleben, was die Empfindung der Ehrfurcht ist – dann werden wir dieses Erleben selbst wie eine Gnade empfinden! Denn was geschieht dann, welches Wunder ereignet sich da? *Weit* wird die Seele, unmessbar weit wird sie! Und vielleicht zum allerersten Mal löst sie sich wirklich von ihrem eigenen niederen Wesen, kommt los von sich selbst. Wie sehr kann dies als eine Befreiung erlebt werden!

Und es ist absolut keine Selbstaufgabe im negativen Sinne. Gerade in diesem Zustand ist man mehr denn je mit seinem höheren, von allen niederen Kräften freien Ich verbunden; man ist sich sehr klar und sehr wach bewusst, was man tut – die Kraft der Ehrfurcht zu entfalten, so stark wie möglich –, und man weiß, wem man diese Kraft zuströmt, wohin man innerlich ehrfürchtig aufblickt: zu einer göttlichen Welt.

Mit vollem Bewusstsein entfaltet man, losgelöst von allem gewöhnlichen Egoismus und Hochmut, in tiefer Bescheidenheit und Demut – und in dieser Demut zugleich mit einer klaren, mutvollen Geisteskraft – das reine, kräftige Gefühl der *Ehrfurcht*...

Man braucht von der göttlichen Welt noch nichts bewusst erkannt haben – die Ehrfurcht selbst wird nach und nach die Führerin sein, die einen immer tiefer in die göttliche Welt hineinführt, und wenn es Jahre braucht. Vor allem aber ist die Ehrfurcht *selbst* schon eine allergrößte „Offenbarung". Diejenigen Momente, in denen die Seele diese Empfindung wirklich in sich erweckt, um schließlich ganz in diese Ehrfurcht einzutauchen, gehören zu den heiligsten Augenblicken des Lebens. Nie mehr möchte die Seele diese missen.

*

Wenn die Seele einmal diese Grenze überschritten hat, wird sie sie auch mehr und mehr in anderen Zusammenhängen überschreiten können.

Bedenken wir nur einmal, wie uns auch die unfassbare Schönheit der Natur unendlich tief ergreifen könnte – könnte... Doch allzu oft ist das ganze Empfinden der Menschen so abgestumpft, dass sie vielleicht noch wissen, dass sie angesichts eines überwältigenden Eindruckes eigentlich tiefe Empfindungen haben sollten, aber sie werden gar nicht überwältigt, sie bleiben empfindungslos, bleiben in der abstrakten Wahrnehmung ihres Intellekts geradezu gefangen. Menschen, die unter dieser modernen „Krankheit" leiden, können angesichts eines Sonnenunterganges, angesichts eines wunderbaren Naturgeschehens, angesichts großer und kleiner Wunder immer weniger empfinden. Die Tiefe der Empfindung geht völlig verloren; es ist, als ob ein Quell versiegt...

Und doch sind wir immer wieder von Wundern umgeben! Denken wir nur einmal an eine Landschaft am ganz frühen Morgen, die noch ganz in Nebel eingehüllt ist, und nun wird dieser Nebel von der Sonne durchflutet – ein Meer von Licht, von Geheimnis, von einmaliger Zeitlosigkeit, dort ein kleiner Vogel, hier das Glitzern der Tautropfen, überall das wunderbare Weben des Lichtes...

Worte können ein solches Erleben natürlich niemals wiedergeben. Doch die Frage ist: Kann unsere Seele sich von solchen Wundern ergreifen lassen? Ist sie noch zu *tiefen Empfindungen* fähig – oder kann sie es wieder werden? Ist sie fähig, einzutauchen in das Gefühl wahrer Ehrfurcht, Andacht, inniger Bewunderung...? Und kann sie danach streben, diese Empfindungen zu *suchen*? Sie immer *mehr* zu vertiefen, immer mehr?

In dem Maße, in dem der Mensch unter der Herrschaft des modernen Intellekts steht, erstirbt ihm oft überhaupt der Zugang zur Tiefe des Gefühls. Das unverwandelte Ego hat Beziehung zu den auf es selbst bezogenen Gefühlen der Sympathie und Antipathie, des Ärgers und Zorns, der Befriedigung und der Begierde – aber alle *reineren* Gefühle in ihrer ganzen Differenziertheit und Tiefe drohen dem modernen Menschen immer mehr verloren zu gehen.

Wer sich auf einen inneren Entwicklungsweg begeben will, muss sich dieses Reich der reineren Gefühle durch ein entsprechendes inneres Streben und Üben erringen. Er findet auf diesem Wege eine Welt, die zu der wahren Heimat des reinen Teiles seiner Seele gehört.

Besinnen wir uns von neuem auf das Gefühl des Mitleids.

Wie *wenig* ist der moderne Mensch in der Lage, noch wirklich innerlich Mitleid zu empfinden! Auch hier ist fast nur noch die Vorstellung dieses Gefühls übrig geblieben, mit einigen vagen Regungen der Seele in ganz besonderen, sehr nahegehenden Momenten. Am meisten rühren können den Menschen oft noch Filmszenen, die von entsprechender Musik untermalt sind. Und das reale Leben?

Aber wohl dem, der zumindest noch in Filmen tiefe, reine Empfindungen haben kann, wirklich das Leiden und die Freude *anderer* Menschen selbstlos mitempfinden kann! Und wie wichtig ist es, dass gerade Kinder solche Empfindungen noch haben können, Freude und Leid in ihrer reinen Tiefe kennenlernen dürfen. Gerade in dieser Hinsicht sind die alten Serien wie „Heidi" (1974) unendlich viel mehr wert als nahezu alles, was heute produziert wird. Und wie tief kann einen die Serie „Kleine Prinzessin Sara" (1985), eine Art moderneres Aschenputtel, rühren. Gerade als Erwachsener kann man im Anschauen der einzelnen Folgen viele stille Tränen weinen – und zugleich spüren, wie *gut* dies ist, diese Tiefe des Gefühls. Die Seele wird unendlich *reich* durch dieses tiefe Erleben. Und sie wird *in* den Momenten dieses Erlebens auch unendlich *rein*...

Im gewöhnlichen und realen Leben ist es oft wesentlich schwerer, wirkliches Mitleid zu empfinden. Aber auch hier kann ein weiterer Schritt das Aufsuchen des Mitleids in der eigenen Seele sein. Wo in der Seele ist die Fähigkeit des Mitleides zu finden, wo ist der „Ort", an dem es erwachen kann...?

Eine Möglichkeit ist auch, sich vertiefte Vorstellungen von der Wirklichkeit zu machen. Die Natur schenkt uns so viel Freude und Glück, der kleine Vogel, der sein Lied singt, dessen Leben wir in seiner kleinen Brust schlagen fühlen... Doch was geschieht mit ihm im Winter? Was geschieht mit ihm nach vier, fünf, sechs Jahren? Wir sehen kaum einmal einen toten Vogel, und doch sterben alle von ihnen nach wenigen Jahren. Wir sehen es nicht, es bleibt unseren Augen verborgen, aber es ist ein unvermeidliches Geschehen.

Denken wir einmal an einen solchen kleinen Vogel. Es ist Winter, und er findet immer weniger zu fressen. Er hat Hunger und wird mit fast jeder Woche schwächer. Es ist einfach zu wenig zu finden, und die Kälte dringt ihm ins Gefieder. Schwächer wird er. Er weiß kaum, was mit ihm geschieht, leidet nur still. Wiederum sucht er nach Körnern und Samen und findet nirgendwo welche. Immer weniger kann er sich auf den Zweigen halten, nachts, wenn es dunkel ist, wenn die Kälte noch erbarmungsloser seinen kleinen, zitternden Leib umklammert. Und dann, eines Nachts, da versagen ihm dann die Kräfte – ermattet flattert und fällt er zu Boden. Da liegt er, und vielleicht ziehen wie im Traum noch einmal die Jahre des Lebens vorbei. Aber die Kälte greift nun immer mehr nach ihm. Die Stunden ziehen vorbei, er liegt in der Dunkelheit. Ohnmächtig liegt er da am Boden, besiegt von Schwäche und Todesnähe. Das kleine Herz schlägt immer schwächer. Nie mehr wird der kleine Vogel singen... Er hat vor Schwäche längst seine Augen geschlossen. Und schließlich schlägt sein Herz ein letztes Mal und danach nie wieder...

*

Vielleicht können wir im Miterleben der Worte bereits ein tiefes Mitleid erwachen fühlen. Wenn nicht, so wird dies erst möglich, wenn wir nicht geschriebene Worte mitzuempfinden versuchen, sondern unmittelbar selbst so real wie möglich einen sterbenden Vogel in der Vorstellung in seinem einsamen Leiden zu begleiten versuchen... Es geht dabei nicht so sehr darum, so plastisch wie möglich etwas auszumalen, denn dies kann die Distanz oft gerade vergrößern, sondern es geht darum, so nah wie möglich bei dem kleinen *Vogel* zu sein – so nah wie möglich, *sein* Leid wirklich mitempfindend. Es geht darum, dass die Sehnsucht aufsteigt, wirklich bei ihm zu sein; die Sehnsucht, ihn trösten zu können, so bei ihm zu sein, dass er nicht in völliger Einsamkeit sterben muss...

Das ist Mitleid: ganz von sich absehen und mit dem Leid des anderen Wesens mitfühlen, es gleichsam mittragen wollen, es erleichtern wollen. Mitleiden...

Und diese unendlich kostbare Fähigkeit müssen wir uns auch gegenüber dem *Menschen* erringen. Im Großen wie im Kleinen. Denken wir doch nur einmal an das weinende Kind, das sich gestoßen hat oder dem etwas ihm sehr Wichtiges kaputt gegangen ist. Können wir hier wahrhaftiges *Mitleid* empfinden? Nein, wir können es oft nicht. Nun rührt uns das Leid und die Trauer von Kindern zwar oft noch am meisten – und doch können wir oft nur sagen, das sei doch nicht so schlimm. Wir wollen trösten – aber empfinden wir wirkliches *Mit-Leid*, oder leiden nur *wir* darunter, dass das Kind leidet? Das ist ein sehr großer Unterschied!

Deutlicher wird es, wenn Erwachsene leiden. Damit können wir oft absolut nicht umgehen. Auch hier versuchen wir, mit irgendwelchen hilflosen Bemerkungen zu „trösten", doch in Wirklichkeit wollen wir oft vor allem, dass nur die unangenehme Situation, die einen so hilflos macht, möglichst schnell wieder vorbei sei. Wir geben dann „Ratschläge" und so weiter, die eigentlich nur dazu dienen, wieder den Normalzustand herzustellen, in dem keine solchen das Normalmaß überschreitenden Gefühle uns bedrängen – und uns eigentlich unsere *Unfähigkeit* zum Mitleid offenbaren...

Wirkliches Mitleid kennt zwar auch eine Ohnmacht, aber dies ist keine innerlich hektische, aufgeregte Ohnmacht, die nur das richtige Wort nicht findet, um die Situation wieder zu normalisieren – sondern es ist die Ohnmacht echten Mit-Leidens, die dann erlebt wird, wenn in dem Moment wirklich nichts existiert, was man tun kann. Nichts, außer eben wirklich mitzuleiden – dies ist oft die allergrößte Hilfe, die es nur gibt. Mitleiden kann man nicht willkürlich herbeiführen, man kann nur eintauchen in das Leid des Anderen und dieses dann selbstlos mit-fühlen... Dann wird man auch die richtigen Worte des Trostes finden – oder aber fühlen, dass der größte Trost gerade der ist, einfach schweigend dabei zu sein. Wirkliches Mit-Leiden wird auch von dem Anderen gefühlt, und es sagt oft mehr als alle Worte.

Versuchen wir also, von uns loszukommen und wirklich bei dem Leid des Anderen zu sein. Versuchen wir nicht, uns vorzustellen, wie wir uns fühlen würden, wenn dasselbe uns passiert wäre, sondern versuchen wir ohne alle Überlegung, *bei dem Leid des Anderen* zu sein, *dieses* mitzufühlen...

***

Indem wir die Kräfte der Ehrfurcht und des Mitleidens in uns entwickeln, kommen wir zugleich dem Wesen des Menschen nahe, immer näher. Ja, auch dieses entwickeln wir dadurch gerade! Wir machen es *in uns selbst* immer mehr zu einer Wirklichkeit.

Wenn wir dies wirklich empfinden können, brauchen wir nicht zu fragen: Bin ich etwa vorher kein Mensch? Sondern, indem wir Ehrfurcht, Mitleid und noch andere Kräfte als etwas Reales in unserer Seele entwickeln, werden wir selbst *erleben*, wie wir hier dem Geheimnis des Menschseins näherkommen – und ihm vorher ferner gestanden hatten... Wir erleben dann selbst unmittelbar, dass wir dem Wesen des Menschen erst entgegenwachsen, dass unsere Seele sich erst entwickeln muss, die wahrhaft menschlichen Kräfte erst entwickeln muss, um wahrhaft Mensch zu werden.

Der stolze Intellekt, der schon alles „sein" will und nichts über sich duldet, auch keinerlei mögliche oder gar notwendige Entwicklung, dieser ist es, der arrogant zurückweisen mag, dass man wahrhaft

Mensch erst *werden* muss. Die Seele gibt sich diesem Erlebnis in Demut und jubelnder Freude hin, denn sie erkennt die Wahrheit dieses Weges und erkennt in dem Sinn, dem „Ziel" dieses Weges ihre wahre Heimat, ihr eigenes wahres Wesen. Für sie ist es ein Geschenk, dass es einen *Weg* gibt...

Nicht darum geht es, dass man vorher kein Mensch wäre, sondern darum, dass wir das Wesen des Menschseins noch nicht verwirklicht haben – was wir doch in jedem wahrhaftigen Augenblick fühlen können. Alles, was irgendein Mensch offenbart, ist einerseits „menschlich". Und doch hat dieses Wort *menschlich* auch noch eine vollkommen andere, sehr hohe Bedeutung. Und um dieses Geheimnis geht es. Man kann es nicht groß genug empfinden; wenn man dieses Geheimnis sucht, wird es immer weiter, immer heiliger.

Wenn wir Menschen begegnen, in denen etwas von diesen Kräften des wahrhaft Menschlichen stark aufleuchtet oder sogar fortwährend lebt – Menschen mit einer großen Kraft der Ehrfurcht, des Mitleids, der Gerechtigkeit, der Liebe –, so erkennt unsere Seele unmittelbar, dass sie hier dem Geheimnis des Menschseins begegnet. Und auch wenn selbst jene Menschen alle erst auf dem *Weg* sind: das *Geheimnis*, um das es geht, wird immer sofort empfunden; es offenbart sich selbst, und die Seele erkennt in ihm ihre wahre Heimat...

*

Die Erkenntnis aber kann und soll auch *klarer* werden – klarer und kraftvoller.

Empfunden wird das Geheimnis des wahrhaft Menschlichen unmittelbar. Doch die Offenbarung einer so wunderbaren Kraft wie des Mitleides, der Gerechtigkeit, spricht zunächst zum Gefühl: Das Gefühl wird ein erkennendes und antwortet auf das Geschaute, eine tiefe Berührung, eine Art Sehnsucht, ein Jubel können aufsteigen. Das Geheimnis des wahren Menschentums wird empfunden.

Aber zu diesem Geheimnis, diesem wahren Wesen des Menschen gehört auch die Kraft des Erkennens, des klaren Erkennens, und diese ist dann vor allem mit der Kraft des Denkens verbunden. Auch das Denken will entwickelt werden...

Wir dürfen hiervon keine falschen Vorstellungen haben. Nicht um die bloße Fortsetzung von etwas schon Bekanntem, Altem geht es, sondern um ein Hineinwachsen in etwas sehr Neues, Anderes. So, wie für die gewöhnliche Seele die Gefühle der wirklichen Ehrfurcht, des wirklichen Mitleides etwas vollkommen Unbekanntes sind – auch wenn sie theoretisch „weiß", was mit den Worten gemeint ist –, ebenso ist auch das wahrhaft menschliche Denken etwas zunächst vollkommen Unbekanntes, ein Wunder, ein heiliges Reich, in das man erst hineinwachsen muss.

Nicht nur die Gefühle, das Fühlen, kann immer tiefer, weiter und heiliger werden; auch die Gedanken und Begriffe können immer tiefer, umfassender, erhabener werden – und auch das Denken *selbst* wird auf diesem Wege ein vollkommen anderes. Ein Mensch, der die Kraft des Mitleids in sich aufgenommen hat, hat nicht einfach etwas Zusätzliches erworben, er ist durch und durch ein anderer Mensch geworden. So ist es auch mit dem Denken...

Jeder Weg beginnt mit den ersten Schritten. Im Verlauf dieses Weges werden wir ein ganz anderer Mensch werden, und schon mit den ersten Schritten betreten wir diesen Weg. Und in Wirklichkeit haben wir auch schon mit allem Vorangegangenen auch den Weg der Verwandlung des Denkens bereits betreten, die ersten Schritte getan...

Selbst dort, wo bisher das Gewicht auf dem Empfinden und Fühlen lag, wurde das Gesagte mit Hilfe des Denkens verstanden – und oft waren es Gedanken, die wir kaum einmal zuvor in dieser Form und Klarheit gedacht haben. Wir haben uns mit unserem Denken in die Seele vertieft und versucht, uns dem Wesen des Menschen zu nähern... Schon dadurch wird das Denken allmählich ein anderes; es beginnt, Gedanken denken zu können, die nicht mit der Außenwelt, sondern mit der Seele zu tun haben. Es wird dadurch stärker, selbstständiger, weniger von außen angeregt und mehr von innen entfaltet.

Nun wollen wir unser Denken noch mehr auf das Denken selbst richten.

Um sich auch mit der klaren Kraft des Denkens immer mehr dem bewussten Erkennen des Wesens des Menschen zu nähern, brauchen wir Begriffe. Begriffe im hier gemeinten Sinne sind etwas *Reales*. Es sind nicht einfach gedankliche Konstrukte, sondern sie umfassen geistig das *Wesen* von etwas. In unserem gewöhnlichen Denken können wir dies zunächst überhaupt nicht erfahren, weil das Wesen der Dinge im gewöhnlichen Denken zu etwas vollkommen Abstraktem, zu einer vagen Vorstellung herabgelähmt ist. Wir wissen, was ein Stuhl ist, ein Vogel, wir wissen, was Ferien sind, Gerechtigkeit, ein Mensch... Aber wissen wir es wirklich? *Was* wissen wir? Totes, abstraktes Wissen ist nicht mit dem Wesen von etwas verbunden, oder anders gesagt, es hat auch dieses Wesen getötet, zur bloßen Vorstellung gemacht, in der unendlich vieles gar nicht bewusst wird, auch nicht erlebt wird. Was ein Begriff in Wirklichkeit ist, dem nähert man sich erst dann, wenn man beginnt, voll bewusst einen wirklichen „Inhalt" zu erleben.

Was *ist* eigentlich ein Stuhl? Was macht einen Stuhl aus, was macht ihn zum *Stuhl*? Worin unterscheidet er sich von einem Tisch? Von einem Hocker? Von einem Sessel? Was macht einen Sessel zum *Sessel*? Oder ist ein Sessel eine Sonderform eines Stuhles? Gibt es auch dreibeinige Stühle? Stühle ohne Lehne? Gibt es Stühle ohne Füße? Stühle, auf denen man nicht sitzen kann? Das alles sind keine bedeutungslosen Fragen. Wenn man sie ernst nimmt, lässt man sich auf die innere Suche nach dem Wesen des Stuhles, nach dem Begriff des Stuhles ein. Das Denken wird – vielleicht zum allerersten Mal – eine verstärkte innere Aktivität, die jetzt eine tastende, suchende Kraft ist. Sie sucht das eigentliche Wesen des Stuhles, und sie sucht damit etwas Reales.

Indem das Denken sich in dieser Weise auf die Suche macht, kann man wirklich empfinden, dass dies etwas ganz anderes ist, als sich in seiner Phantasie zu überlegen, wie man eigenmächtig einen „Stuhl" definieren würde. Die Bewegung ist gerade umgekehrt:

Man *weiß*, was ein Stuhl ist, man weiß es nur noch nicht wirklich voll bewusst, man hat noch nicht klar und umfassend den wirklichen Begriff. Man weiß sofort, was *kein* Stuhl ist. Dann aber gibt es auch Übergangsformen, wo man nicht sogleich sicher ist: Kann man dies auch noch Stuhl nennen – oder ist es schon etwas anderes? Wo beginnt „Stuhl", und wo hört „Stuhl" auf? Andererseits kann man natürlich auch wirklich in der Phantasie etwas konstruieren, was tatsächlich Übergänge bildet, wo ein Stuhl also zum Beispiel langsam jede Funktion verliert, obwohl man ihn vielleicht doch noch bis zuletzt als Stuhl bezeichnen muss. Dann kann man sich aber wiederum auf das Eigentliche besinnen. Und man kann sich bewusst werden, dass es auch bei physisch realen Stühlen so ist, dass der eine Stuhl das Wesen des Stuhles *mehr* verwirklicht als ein anderer. Dass es also Stühle gibt, in denen der reine, pure Begriff des Stuhls so klar wie möglich zur Offenbarung kommt, und andere, in denen das schon weniger der Fall ist – oder in denen Dinge hinzutreten, die ergänzend dazukommen, die aber nicht zum *Wesen* des Stuhls gehören, weil sie anderen Stühlen durchaus fehlen.

Indem das Denken auf diese Weise in innere Bewegung kommt, in eine *reale* Bewegung, kann es erleben, was die Realität der Begriffe ist. Zunächst geht es um die Realität *eines* Begriffes. Doch in diesem aktiven Suchen erlebt man zugleich, was dies überhaupt ist: ein Begriff, die Realität der Begriffe. Und nach und nach kommt man zu der inneren Erfahrung, dass die Begriffe der Dinge und Wesen eine ganze Welt bilden – eine in sich zusammenhängende Welt. Denn da, wo der reale Begriff des Stuhles zu finden ist, da lebt – gewissermaßen in geistiger „Nähe" – auch der Begriff der *Lehne*, der aber wiederum auch mit ganz anderen Begriffen verbunden sein kann. Da lebt auch der Begriff des *Tisches*. Was ist das für eine Nähe? Inwiefern sind das Wesen des Stuhles und das Wesen des Tisches miteinander verbunden? Was ist ihre Verbindung? Inwiefern sind sie nicht verbunden?

Und so können wir mit unserem Denken innerlich immer neue Bewegungen machen und es ist buchstäblich so, wie wenn dieses Denken ein Licht ist, mit dem wir, Ausschnitt für Ausschnitt, eine ganze Welt „ausleuchten", real denkend erkennen, in ihren unendlich vielfältigen, realen Zusammenhängen.

In der sinnlichen Welt begegnen wir der ungeheuren Vielfalt der Dinge und Erscheinungen. In diesem geistigen Reich der Begriffe begegnen wir dem *Wesen* dieser Dinge und Erscheinungen – und ihren wesenhaften Zusammenhängen.

Zugleich haben wir die Welt der Begriffe fortwährend in uns. *Ohne* die Begriffe könnten wir einen Stuhl gar nicht als solchen erkennen. Das aber, was wir jetzt tun, ist, uns diese Welt und ihre wahre Bedeutung immer *bewusster* zu machen. Jetzt sind wir dabei, die Welt der Begriffe selbst immer bewusster zu erkennen. So bekommen wir zum ersten Mal ein Erleben vom wahren Wesen der Begriffe. Wir finden also auf diesem Wege etwas, was in der sinnlichen Welt selbst nie erscheint: das Wesen des *Begriffs*. Was ist ein Begriff? Was macht ihn aus? Auch das können wir jetzt beginnen, immer mehr zu erleben...

Das richtige Erleben bekommen wir jedoch nur, wenn wir die Begriffe wirklich nicht als etwas Abstraktes betrachten. Nur dann, wenn wir diese Welt, in der sich unserem regsam und aktiv werdenden Denken das Wesen der Dinge offenbart, als etwas erleben, was *unabhängig von uns* eine Wirklichkeit ist, erkennen wir diese Wirklichkeit...

„Stuhl" ist zunächst nur ein Wort. Der *Begriff* des Stuhles ist etwas ganz anderes. Oben haben wir versucht, uns dem Wesen des Stuhles innerlich real zu nähern. Wenn wir aber schließlich wirklich ein leises, schließlich immer deutlicheres Erleben dieses Wesens einer Sache haben, dann erfahren wir damit zugleich ihren Begriff. Dieser ist nichts Abstraktes, er ist eine *übersinnliche Realität*. Er ist nichts Sinnliches, er ist nur über-sinnlich erfahrbar – im tätigen, innerlich aktiven und zugleich erlebenden Denken.

„Gerechtigkeit" ist zunächst nur ein Wort. Was aber das *Wesen* der Gerechtigkeit ist, das muss immer tiefer erlebt werden, um sich diesem Wesen überhaupt zu nähern. Wann ist etwas gerecht? Was ist gerecht? Woher weiß man dies? Was ist die innere Bewegung, die man in der eigene Seele „macht", um das Gerechte zu suchen...? Wie findet man es? Auch hier muss man wirklich ganz innerlich aktiv werden und zu erleben versuchen, was man da tut; in welche Seelentätigkeit man da hineinkommt. Dann beginnt man, immer tiefer zu empfinden und zu *begreifen*, was eigentlich das Wesen von Gerechtigkeit ist. Dann aber hat man auch hier wiederum einen lebendigen Begriff vor sich – etwas vollkommen Reales, über-sinnlich Reales.

Und was das Wesen von Gerechtigkeit ist, ist nicht von mir abhängig – ich kann ihr Wesen *erkennen*, aber es existiert unabhängig von mir. Ich kann versuchen, ein „Hüter" und ein „Träger" der Gerechtigkeit zu sein – und dazu beizutragen, dass sie sich, auch durch mich, in der sinnlichen Wirklichkeit offenbaren kann – aber das *Wesen* von Gerechtigkeit ist unabhängig von mir. Was Gerechtigkeit ist und was nicht, kann ich nicht beeinflussen. Nur die menschlichen *Vorstellungen* von Gerechtigkeit, von ihrem Wesen, können beeinflusst werden, können verfälscht werden... Wenn aber das Denken wirklich die reale Erfahrung des *Begriffes* hat, gibt es keinen Zweifel mehr, dann wird das Wesen selbst erlebt.

*

Wenn der Mensch in dieser Weise innerlich aktiv wird, kann ihm dies auch eine unendlich bedeutsame Erkenntnis über sein eigenes Wesen geben.

Es ist ein mehr oder weniger langer Weg, die Realität der Begriffe immer tiefer zu erleben – denn es widerspricht nun einmal ganz und gar unserem völlig abstrakt und wesenlos gewordenen Denken. Das Denken *selbst* muss aktiver, intensiver, realer, wesenhafter werden, um erleben zu können, dass die Suche nach dem Wesen eines Dinges wirklich zu etwas *Realem* führt; dass man hier also *wirklich* zum *Wesen* der Dinge kommt, und dass sich diese Realität in unserem Denken als Begriff offenbart. Wir *begreifen* das Wesen einer Sache – und dieses lebendige Begreifen umfasst den Begriff der Sache, ihr Wesen.

Das *Erkennen* wird auf diese Weise eine reale, lebendige, übersinnliche, geistige Begegnung mit dem Wesen der Dinge. Im Geistigen aber sind wir von dem Wesen, dem wir begegnen, nicht getrennt; die Verbindung ist viel inniger als in der sinnlichen Welt. Das erlebende Denken wird gerade eins mit dem Erkannten. – Erkennen wird so zu einer Kommunion, einer innigen Vereinigung mit dem Wesen der Dinge. In dem Moment, wo wir in voller Realität das Wesen einer Sache erkennen, sind wir mit ihr geistig ganz vereint, wir sind nicht außerhalb, wir sind innerhalb ihres Wesens; wir durchdringen es und werden von ihm durchdrungen...

Wenn das Denken aktiv wird, beginnt der Mensch, sich mit dem Wesen der Dinge zu verbinden. Er beginnt, immer mehr zu erkennen, dass die Dinge ein Wesen *haben* – und er ist von diesem Wesen *nicht getrennt*. Denn sein innerlich lebendig werdendes Denken wird gerade die lebendige Verbindung zwischen ihm selbst und der Welt, dem Wesen alles Übrigen! Im wirklichen Erkennen, das bewusst geschieht und schließlich auch sein *eigenes* Wesen erlebt, überwindet der Mensch die Trennung zwischen Ich und Welt. Im Menschen selbst offenbart sich das Wesen der Dinge.

Die Dinge erscheinen in der äußeren Welt, ihr sinnlicher Schein ist außerhalb von uns. Ihr *Wesen* aber offenbart sich *im* Menschen. Das Wesen der Dinge trägt der Mensch gleichzeitig in sich!
Was ist dann der Mensch? Er ist das Wesen, in dem sich das Wesen *aller* Dinge offenbart; der das Wesen *aller* Dinge umfassen, erkennen, durch sein Erkennen umfassen kann!
Was dies eigentlich bedeutet, kann man zunächst nur erahnen. Man kann es nicht groß genug denken; es bedeutet etwas Ungeheures! Ehrfürchtig muss man werden, um die Bedeutung dieser Tatsache, auch nur leise zu erahnen...

*

In der inneren Aktivität, die wir in dieser Weise entfalten, erringen wir zugleich auch lebendige Begriffe, mit denen wir uns dem Wesen des Menschen nähern. Diese Begriffe sind zunächst gar nicht in Worte zu fassen, die abstrakte Sprache *hat* dafür gar keine

Worte, denn das Erleben, um das es hier geht, ist nicht mehr das gewöhnliche Alltagserleben.

Zugleich können wir jetzt aber auch versuchen, uns einen lebendigen Begriff von Seele und Geist zu erringen.

Es ist wohl deutlich, dass, wenn diese beiden Begriffe einen Inhalt haben, wir uns mit diesen Begriffen unmittelbar dem Wesen des Menschen nähern. Was also ist die Seele, was ist der Geist? Können wir von ihnen reale Begriffe bekommen, die über abstrakte Vorstellungen hinausgehen? Spirituelle Strömungen aller Art, aber auch die Wissenschaft und die Alltagssprache sprechen von Seele und Geist – und meinen natürlich immer etwas anderes. Ist es auch möglich, in die *Realität* einzutauchen und aus ihr heraus zu einem wirklichen Begriff zu kommen? Zum Wesen der Seele, zum Wesen des Geistes...?

Besinnen wir uns auf das Innenleben des Menschen. Wir finden da Empfindungen, Gefühle, Vorstellungen, Gedanken, Meinungen, Wünsche, Willensimpulse... Inmitten all dessen erlebt sich der Mensch als sich selbst, hat er eine Art Mittelpunkt. Woher die Gefühle, Wünsche usw. eigentlich kommen, weiß man zunächst eigentlich nicht; aber wenn sie da sind, dann fühlt man sie als die eigenen, identifiziert sich mit ihnen. Manche Elemente dieses Innenlebens will man vielleicht auch abwehren oder leugnen, dennoch sind sie alle zunächst mit dem eigenen Inneren verbunden.

Versuchen wir nun einmal, die Gesamtheit dieses Innenlebens zu erleben, in einem umfassenden Erleben innerlich als eine Realität gegenwärtig zu haben. Das innere Leben eines Menschen ist nicht nur eine bloße Summe von Erscheinungen, es ist eine zusammenhängende Realität, denn ein Mensch selbst ist etwas Zusammenhängendes. Auf diese Weise können wir erlebend zu dem Begriff eines in sich zusammenhängenden Innenwesens kommen. Indem wir uns dieses realen Innenwesens erlebend bewusst werden, unseres eigenen Innenwesens, beginnen wir, das reale Wesen der Seele zu erfahren...

Dieses Seelenwesen hat nun auch einen Mittelpunkt, denn auf diesen Mittelpunkt ist das Übrige bezogen. Wir können diesen Mittelpunkt den Seelenkern nennen, der mit dem Ich-Erleben zusammenhängt. Dieses Ich-Erleben hat wiederum damit zu tun, dass in der Seele unzählig viele Einzelheiten, die im Umkreis ihres Erlebens liegen, in unbewussten Verknüpfungen mit Gefühlsqualitäten verbunden werden. Die Seele reagiert auf die Dinge der Außenwelt; sie empfindet sie – und diese Empfindungen haben jeweils eine Qualität. Angenehm, sympathisch ist ihr das eine, unangenehm, antipathisch das andere. Zwischen diesen beiden Polen liegt dasjenige, dem sie mehr indifferent gegenübersteht.

Das Fühlen als Mittelpunktskraft der Seele bewegt sich ganz zwischen diesen Polen des Anziehenden und des Abstoßenden. Aber auch in den Gedanken finden wir diese Polarität: Es gibt Gedanken, denen die Seele sympathisch zugewandt ist – diese werden zu ihren Überzeugungen, ihren „Lieblings-Meinungen". Andere Meinungen werden dann teilweise bekämpft, zu Irrtümern erklärt, mit Antipathie verfolgt.

In dieser Hinsicht ist das Seelenwesen des Menschen das „Subjektive" schlechthin. Der Seelenkern als Ich-Punkt ist das Subjekt, das alles auf sich bezieht – und er tut dies scheinbar zunächst vollkommen subjektiv und eben auch vollkommen selbst-bezogen.

*

Aber nun lebt im Menschen noch etwas. Der Mensch will nicht nur alles auf sich beziehen – er sehnt sich auch nach einer Verbindung mit der Welt. Er ist auch bereit, seine Selbstbezogenheit zurückzunehmen, abzuschwächen, ja vielleicht völlig zu überwinden und sich einem Teil der *Welt* zuzuwenden. Und wenn dieser Impuls noch stärker wird, kann der Mensch dahin kommen, zu erleben, welches *Glück* es ist, diesen eigen-süchtigen Ich-Punkt einmal zu verlassen und sich immer wirklicher einem anderen Teil der Welt zuzuwenden.

Und dann gibt es noch ein Erleben des Menschen. Es gibt etwas, was die Gefühlsurteile der Seele übersteigt, was von ihrer Sympathie und Antipathie ganz unabhängig ist. Und es gibt etwas im Menschen, was dies erkennt – und eine Sehnsucht danach hat.

Was ist Wahrheit? Die Wahrheit ist unabhängig von den subjektiven Gedanken eines Menschen, unabhängig von den Lieblingsmeinungen, den zufälligen Überzeugungen... Selbst wenn unendlich viele Menschen etwas glauben würden, und nur *ein* Mensch die Wahrheit erkennen würde, ja selbst wenn niemand mehr sie erkennen würde – so bliebe die Wahrheit doch sie selbst. Auf Erden vielleicht verfälscht, ihrem Wesen nach aber immer sie selbst, nie zu verletzen. Man kann die Wahrheit zudecken, verkennen, verleumden, aber ihr *selbst* kann man nichts anhaben. Man kann nicht über sie verfügen... Wenn man sich ihr nähern will, muss man sich *selbst* bereit machen, sie wahrhaft und rein zu erkennen.

Hier ist ein Reich, das die Seele übersteigt. Dieses Reich hat mit dem Wandelhaften und Subjektiven der Seele nichts zu tun, ist davon vollkommen unabhängig. Es richtet sich nicht nach der Seele, aber die Seele kann eine Sehnsucht nach diesem Reich haben...
Dies ist die Welt des Geistes. Nicht von den Sympathien oder Antipathien der Seele ist die Wahrheit abhängig. Sie ist eine davon ganz unabhängige Realität, sie gehört zur geistigen Welt.
Auch die Begriffe gehören zu dieser Welt. Das Wesen der Dinge – es ist nicht abhängig davon, wie die Seele es gerne haben würde. Es ist, wie es ist.

Aber es gibt etwas im Menschen, das zu dieser Welt des Geistes eine innige Verbindung hat – und das ist das Denken.

Solange das Denken noch das gewöhnliche Denken ist, lebt es sehr in abstrakten, vagen Gedanken und ebenso in subjektiven Lieblingsgedanken – es ist eigentlich nur ein „Gedanken-Haben", und dieses Gedanken-Haben ist sehr subjektiv gefärbt... Doch in der Mathematik zum Beispiel hilft alle Subjektivität nichts. Ein lebendig werdendes Denken, das eine Sehnsucht nach dem Wesen der Dinge empfindet, wird aber auch in Bezug auf alles andere immer objektiver, immer selbstloser. Es *will* gerade nicht denken, „was es will", sondern dasjenige, was Wahrheit ist – und es will sich mit dem Wesen der Dinge selbst verbinden. Nicht auf sich selbst kommt es ihm an, sondern auf das Andere; es findet seine Erfüllung gerade darin, sich rein mit dem Anderen zu verbinden, dieses rein zu erkennen. Dies ist dann wahrhaftige *Liebe*, Liebe rein geistiger Art – Liebe zur Wahrheit...

Realisieren wir uns einmal, was für ein Gegensatz dies ist und welcher Abgrund hier überwunden wird! Auf der einen Seite des Abgrundes steht das gewöhnliche Denken, dem der eigene Mittelpunkt und die eigene Meinung wichtiger ist als alles Übrige ... und auf der anderen Seite steht ein gleichsam leuchtend gewordenes, selbstloses, reines Denken, dem die eigene Meinung nichts gilt und das nichts anderes will, als sich mit der reinen Wahrheit zu vereinigen – mit der Wahrheit, wie sie selbst ist, unangetastet von jedweder Subjektivität. Das Denken wird zum selbstlosen Spiegel, zum selbstlosen Organ für die Wahrheit, die es empfangen darf, weil es rein genug geworden ist...

Es gibt also etwas im Menschen, das sich nicht im bloß Seelischen erschöpft. Der Seelenkern, der Ich-Punkt hat zugleich eine Verwandtschaft mit dem Geistigen. Inmitten dieser Seele gibt es etwas, das sowohl eine innige *Sehnsucht* nach diesem Geistigen entwickeln kann als auch diejenige Selbstlosigkeit entfalten kann, die imstande ist, sich real und wirklich mit diesem Geistigen zu *verbinden*.

Es ist hiermit etwas unendlich Bedeutsames berührt. Wäre der Mensch nur Seele, so würde er über seine Selbstbezogenheit niemals hinauskommen. Er hätte für alle Ewigkeit nur ein Innenleben, durch das er auf sich selbst zurückgeworfen wäre und alles auf sich beziehen müsste, von sich aus beurteilen müsste. – Aber der Mensch ist nicht nur Innenleben. Er trägt etwas in sich, was über dieses Innenleben gerade hinausweist. Was im Mittelpunkt seiner Seele lebt, ist nicht *nur* seelisch, es ist zugleich ein *geistiger* Kern ... und Keim.

Wahrheitsliebe kann dieser geistige Kern des Menschen haben, wahre Liebe zu anderen Wesen auch, wahre Selbstlosigkeit kann dieser geistige Keim entfalten. Es ist die volle *Überwindung* des niederen Seelischen, der wunderbare Sieg über dessen Selbstbezogenheit, die sich hier offenbart.

Aber wir können auch wissen und innerlich in wahrhaftiger Selbsterkenntnis empfinden, wie lang und schwierig der Weg zu *dieser* Wahrheitsliebe und erst recht zu der wahren Liebe zu anderen Wesen ist – zu einer Liebe, die von keinerlei eigener Sehnsucht und Begierde mehr beeinflusst und bewegt wäre... Aber natürlich gibt es auch *Stufen* der Selbstlosigkeit. Und jede dieser Stufen ist eine solche, in der sich die Seele mehr als zuvor zum Geiste erhebt.

Darum geht es! Es geht nicht um die Überwindung der Seele, so dass danach nur noch „Geist" vorhanden wäre, sondern es geht um die *Verwandlung* der Seele. Es geht um die Läuterung der Seele, um ihre Heiligung... Es geht um jenen Prozess, in dem die Seele selbst geistähnlich wird, sich mit dem Wesen des Geistes durchdringt und doch Seele bleibt. Individuelles Innenleben, nun aber selbstlos, in und mit ihrem eigenen Wesen den Geist offenbarend – und sich so auch wiederum der Welt zuwendend...

Die Seele verliert dadurch nichts als ihre niederen Wesenseigenschaften – aber sie *gewinnt* hundertfältig kostbarste Früchte und Kräfte, eine unendliche Welt, ein unsagbar leuchtendes, lebendiges, heiliges Reich; die Vereinigung mit dem Wesen des Wahren, des Schönen, des Guten. Die Seele gewinnt auf diesem Wege alles, was überhaupt nur Wert hat – in Ewigkeit...

*

Versuchen wir, diese höchsten Realitäten wiederum an einem zunächst mehr gewöhnlichen Beispiel zu erleben.

Was ist das Wesen der Farben? Was ist das Wesen *einer* Farbe, etwa das Wesen des Gelben?

Mit dem gewöhnlichen Bewusstsein können wir zunächst keine besondere Aussage dazu machen. Gelb ist eben Gelb, was soll dessen „Wesen" sein? – Aber inzwischen haben wir schon einen gewissen inneren Weg gemacht. Und so können wir versuchen, einmal *tiefer* zu empfinden, was das Wesen des Gelb ist. Suchen wir dafür zunächst konkret in der sinnlichen Welt etwas, mit dessen Hilfe wir diese Farbe wirklich vor Augen haben. Und dann tauchen wir mit unserem Seelenwesen einmal ein in das Wesen des Gelb...

Was macht das Gelb zum Gelb? Wann hört es auf, Gelb zu sein? Gibt es ein typisches, ein volles, reines Gelb? Und dann vor allem: Welche Wirkung hat gerade das Gelb auf unsere Seele? Wie empfinden wir gerade das Gelb? Nicht gemeint sind hier subjektive Empfindungen – vielleicht mag der eine die Farbe, der andere weniger –, sondern die ganz reale Wirkung, die das Gelb auf die Seele zunächst hat. Sehen wir ab von aller Sympathie oder Antipathie und empfinden wir einfach, was das Gelb dann noch *macht*... Wir müssen versuchen, die besondere Qualität zu empfinden. Was macht das Gelb, nicht das Orange, nicht das Grün, aber das Gelb? Wie antwortet die Seele auf diese Farbe? Was ist das objektive Wirken, was ist das Wesen des Gelben?

Mit diesen Fragen, mit dem Versuch, in innerer Aktivität eine Antwort auf sie zu finden – während wir erlebend in das Gelb eingetaucht sind, oder danach, im Nachklang dieses Erlebens –, ringen wir um ein Erfassen des *geistigen Wesens* des Gelb – und dies gäbe uns dann den lebendigen Begriff des Gelben. Wenn wir eine Antwort auf jene Fragen finden, würden wir erst wahrhaft beginnen, das Gelb zu begreifen. Wir würden es erstmals wirklich erkennen, weil wir sein *Wesen* verstehen, empfinden, erleben.

Hier kann nur versucht werden, die allerersten Schritte anzudeuten. Wenn wir uns mit unserem innigen Erleben auf die gelbe Farbe einlassen und dann auch wiederum den Vergleich mit dem Wirken der anderen Farben suchen, so werden wir empfinden können, wie das Gelbe etwas Strahlendes, Leuchtendes und zugleich auch Warmes hat.

Vielleicht meint man, das Erlebnis dieser Qualitäten rühre von einer bloßen Assoziation mit der Sonne her, aber das stimmt nicht. Es ist die reale *Wirkung* des Gelben. Eher müsste man umgekehrt sagen: Die Sonne könnte gar nicht anders als gelb scheinen, sonst wäre sie nicht Sonne... In Wirklichkeit ist ihr Licht ja so stark, dass sie viel heller als Gelb ist – aber sie wird gelb *gemalt*. Abends färbt sie sich orange, aber dann ist sie nicht mehr ganz Sonne, ist schon untergehende Sonne... Die Wirkung des Gelb ist also sonnenhaft – aber nicht, weil die Sonne gelb wäre, sondern umgekehrt.
Aber in der Wirkung des Gelben liegt noch mehr. Dieses Lichte, Warme enthält außerdem noch eine Qualität der ... Freude!
Um dies zu erleben, muss man sich wirklich immer tiefer auf den seelischen Eindruck einlassen. Es sind zarte Wirkungen – gerade weil sie *objektiv* sind. In der Farbtherapie und in der therapeutischen Farbgestaltung von Räumen arbeitet man mit diesen Wirkungen, und da können sie auch ein Stück weit bewusst werden. Aber es ist noch ein Unterschied, ob man nur merkt, dass man in einem vorwiegend gelben Raum von einer leisen, wohltuenden Freude durchdrungen wird, oder ob man wirklich *bewusst* in die Farbe eintaucht und auf diese Weise mehr und mehr *erkennt*, was das Wesen dieser Farbe ist.

Versuchen wir einmal den umgekehrten Weg. Es gibt eine Farbe, deren Wesen eine ganz bestimmte Wirkung hat. Wir wollen einmal versuchen, diese Wirkung in uns zu empfinden und dann zu ahnen, welche Farbe gerade diese Wirkung haben könnte. Es geht um die Stimmung der Ehrfurcht, der Andacht, des Gebets...
Nicht darum geht es, dass eine Farbe diese Stimmung hervorrufen könnte, wenn wir dies nicht auch selbst tun. Und doch geht es um zarte Wirkungen, die zart eben *doch* vorhanden sind – und die, wenn wir selbst diese Stimmung in uns entfalten, die Empfindungen unterstützen können, weil dies gerade in der objektiven Wirkung jener Farbe liegt.
Die Kirchenräume der Christengemeinschaft sind um den Altar in dieser Farbe gehalten, und so könnte man ihre Wirkung im Großen in dieser Umgebung einmal empfinden. aber natürlich kann man es auch im Kleinen versuchen.
Diese Farbe der Andacht ist das Violett.

Man kann diese Wirkung in zweierlei Weise prüfen. Zum einen kann man sich wiederum in diese Farbe versenken, so intensiv wie möglich, und dann innerlich empfinden, welche feinen, spezifischen Qualitäten und Wirkungen in gerade dieser Farbe liegen und von ihr ausgehen. Und der andere Weg wäre, die Stimmung der Andacht in sich aufzurufen – und dann sich in das Violett zu vertiefen und zu sehen, ob es dieser Stimmung entspricht. Dies kann man dann mit verschiedenen anderen Farben vergleichen – und jeweils wiederum empfinden, ob diese mit der Stimmung der Andacht harmonieren oder in einer Dissonanz zu dieser stehen, zumindest nicht *ganz* „passen", die Andacht doch wieder leise in eine andere Stimmung verwandeln wollen oder eine neue Qualität hinzubringen, selbst wenn diese noch nicht klar benannt werden kann.

Auf diese Weise kann man sich dem realen Wesen der Farben nähern. Selbst wenn man nicht alles hier Angedeutete sogleich bestätigen kann, vielleicht sogar etwas andere Erfahrungen macht, so wird doch immerhin deutlich sein, dass jede Farbe sehr spezifische und letztlich weitreichende Qualitäten und Wirkungen hat und dass man einen inneren Weg beschreiten kann, diese immer tiefer wahrzunehmen und immer bewusster zu erfahren.

*

Was wir damit tun, ist, die Seele immer mehr zu einem Wahrnehmungsorgan für seelisch-geistige Wirkungen zu machen – seelisch, weil sie auf die Seele wirken; geistig, weil es objektive, von der Seele unabhängige Wirkungen sind, das *Wesen* der Farbe...

Zugleich machen wir aber noch etwas anderes: Wahrnehmungsorgan kann die Seele nur dann werden, wenn auch ein Wahrnehmender da ist. Dies ist nicht die Seele selbst, sondern diejenige Instanz, die durch diese intensiv übenden Prozesse zur inneren Tätigkeit erweckt wird. In uns wird die erkennende Instanz tätig. Die Seele empfindet, aber erkennend tätig ist *das Ich* in der Seele – dieses aber ist nicht Seele, sondern Geist, sonst könnte es nicht erkennen!

Wir machen unsere Seele zu einem Wahrnehmungsorgan, und indem die Seele die Wirkung empfindet und unser erkennendes Ich als geistige Instanz diese Wirkung mitempfindet und so zugleich erlebt und erkennt, erfassen wir das geistige Wesen der Farbe. Es ist das *Ich*, das auf dem oben geschilderten Wege die subjektiven Wirkungen und Eigen-Empfindungen der Seele zum Schweigen bringt – soweit dies möglich ist und durch Übung immer mehr möglich wird. Das Ich ist es, das um Selbstlosigkeit und Wahrheit im Erkennen ringt, weil es sein eigenes geistiges Wesen immer reiner macht – und das Ich ist es, das dann auch die Seele „erzieht", diese dazu bringt, in ihren Regungen immer geist-ähnlicher zu werden, das Persönliche, bloß Subjektive schweigen zu lassen.

Indem wir diese Prozesse innerlich erleben, vollziehen und begreifen, was wir tun, kommen wir immer mehr zu einem lebendigen Begriff von Seele und Geist. Und wir erkennen, dass das Seelenwesen des Menschen das eine ist, dass dann aber im Menschen etwas wirksam ist, was sein eigentliches, geistiges Wesen ist – und was dasjenige erkennen kann, was auch außerhalb geistig ist, nämlich das Wesen der Dinge.

Dieser geistige Wesenskern des Menschen kann *das Ich* genannt werden, wobei man dies aber sehr genau verstehen muss. Was gewöhnlich „Ich" genannt wird, ist zunächst nur der Mittelpunkt des Seelenwesens. Von der hier gemeinten geistigen Instanz hat das gewöhnliche Bewusstsein gar keinen Begriff – denn man weiß zunächst überhaupt nicht, was „das Geistige" überhaupt ist.

Das gewöhnliche Ich-Erleben ist nicht wirklich geistig. Im gewöhnlichen Erleben wird das Ich beherrscht von den Regungen der Seele. Erst in den inneren Prozessen, die wir hier beschrieben haben, ist es das Ich, das nach und nach die Herrschaft über die Seele erlangt, also das gewöhnliche Verhältnis gerade umkehrt. Vorher wurde das geistige Wesen des Menschen im Banne des bloßen Seelenlebens gehalten. Jetzt wird sich das geistige Wesen mehr und mehr seiner selbst bewusst, entfaltet seine eigene innere Aktivität, strebt nach dem Geistigen, nach dem realen Erkennen, nach einem erlebenden Sich-Verbinden mit dem Wesen der Dinge

– und wirkt dann auch in der Seele so, dass diese sich immer mehr dem Geist zuzuwenden vermag und dies auch immer mehr will.

So erwacht in der Seele nach und nach eine Sehnsucht nach dem Geist... In Wirklichkeit ist es aber auch das Ich, in dem nach und nach die Sehnsucht nach dem Geist immer stärker wird. Das Ich, das sich aus seinem bisherigen seelischen Dasein mehr und mehr befreit und in seinem Reich allmählich die Herrschaft übernimmt. Dies ist eigentlich der Prozess, in dem das wahre Wesen des Menschen zu erwachen beginnt... Es ist das Ich, das erwacht und das dann auch die Seele immer stärker in eine Entwicklung bringt, um sie zu verwandeln, zu veredeln, zu einem kostbaren Schatz zu machen.

***

Warum sollte man einen solchen Weg gehen? Warum sollte man nicht einfach so leben, wie man im Moment lebt? Und ist es nicht viel einfacher, „den Geist" zu finden, gibt es nicht alle möglichen spirituellen Strömungen, in denen man leicht sogar viel „weiter" kommt?

Ja, warum sollte man einen solchen Weg gehen? Nun, es muss sich jeder Mensch selbst darüber klar werden, warum er einen solchen Weg vielleicht gehen *will*. Wir haben inzwischen schon vieles berührt, was eine wirkliche Sehnsucht danach wecken kann – weil die Seele, wenn sie sich auf all dies einlässt, sehr deutlich spüren kann, dass sie hier von etwas *gerufen* wird.

Auf dem Grund jeder Seele lebt die Sehnsucht, das volle Menschsein zu verwirklichen. Und je mehr der Mensch begreift, empfindend erfasst, was hier beschrieben wird, desto deutlicher kann er auch erleben, dass sich das gewöhnliche Leben – das der Mensch zumeist nur kennt –, verglichen mit diesem *neuen*, innerlich vollkommen neuen Leben, immer nur an der Oberfläche bewegt. Das gewöhnliche Leben wird im buchstäblichsten Sinne gewöhnlich.

Der Mensch, der einmal begriffen hat, um welches ganz andere Leben es hier geht, der mag sich vielleicht noch eine ganze Weile darüber hinwegtäuschen können, dass ihm dieses nicht notwendig sei, kein inneres Bedürfnis sei; er wird vielleicht noch eine ganze Weile in gewohnter Weise seine Freuden und Genüsse, seine Unterhaltungen und Aktivitäten suchen und pflegen – doch irgendwann wird mehr und mehr die Zeit kommen, wo der Ruf, der vom Grunde seiner Seele ertönt, unüberhörbar werden wird. Alle bisherigen Aktivitäten werden, wenn sie nicht befruchtet werden von einem völlig neuen, *inneren* Leben, immer mehr öde und schal erscheinen, als ein Verfließen von Zeit, als eine Selbsttäuschung, die immer größer wird...

Warum sollte man einen solchen Weg gehen? Weil man ihn eigentlich gehen *will*. Weil es wichtig ist, diesen leisen, oft fast unhörbaren Ruf der eigenen Seele zu hören. Weil man selbst diesen Ruf bisher übertönt hat – und es zu dem Allerwichtigsten im ganzen Leben gehört, diesen Ruf irgendwann zu hören.

Und welchen Weg haben wir bis jetzt verfolgt? Wir haben versucht, das Erleben der Wirklichkeit immer mehr zu vertiefen. Über das reale Erleben sind wir dazu gekommen, etwas von dem Wesen der Seele zur Erfahrung zu machen – und davon ganz klar das Wesen des Geistigen zu unterscheiden, das für uns ebenfalls eine erste Erfahrung geworden ist. Es geht hier nicht um abstrakte Begriffe, die mit dem Menschen eigentlich nichts zu tun haben; sondern es geht um den Menschen selbst, wir versuchen, das Erleben des *wesentlich Menschlichen* immer mehr zu vertiefen.

Das gewöhnliche Bewusstsein kennt das Wesen des Menschlichen nicht – und die letzten Reste, die es im Gefühl halb bewusst vielleicht noch hat, verdrängt es im Alltag auch noch. Wir dagegen versuchen jetzt, das, woran wir ansetzen können, immer intensiver ins Bewusstsein zu heben – und dasjenige, was wir zunächst nicht haben, zu entwickeln.

Indem wir dahin kommen, unser Denken innerlich so aktiv und intensiv werden zu lassen, dass wir leise erleben können, dass wir das *Wesen* der Dinge zu berühren beginnen, tun wir einen unend-

lich bedeutsamen Schritt. Dies ist im Grunde bereits *mehr*, als all jene spirituellen Strömungen verwirklichen, die das Denken, den Intellekt, gerade ausschalten wollen. Solche Strömungen versprechen dann zum Beispiel, dass der Mensch ein All-Eins-Erleben erreichen kann, in dem er ungetrennt die Einheit alles Seins erlebt; das reine Sein von allem, was ist – und so weiter.
Das kann alles auch möglich sein. Was aber diese Strömungen *nicht* finden, das ist die geistige Wirklichkeit in ihrer unendlichen Differenzierung. Um *diese* zu finden, braucht es gerade die Kraft des Denkens. Und der Weg, den wir verfolgen, besteht darin, dass wir das Denken einerseits stärker machen und zum anderen selbst immer mehr in dieses Denken „hineinsteigen". Indem das Ich – das innerlich tätige Wesen des Menschen – sich wirklich mit dem Denken verbindet, zunächst vor allem den *Willen* in das Denken hineinbringt, wird das Denken selbst erlöst. Es wird in eine wahrhaftige Auferstehung geführt. Der tote Intellekt verwandelt sich durch das real erwachende Ich, das sich mit dem Denken verbindet, in ein lebendiges Denken, das zu einer innerlich hervorgebrachten und erlebten *Realität* wird.

Auf diesem Weg schaltet der Mensch sein Denken nicht aus; er meditiert nicht, um sein Denken zum Schweigen zu bringen und dann irgendwann zur Erleuchtung zu kommen, die eigentlich über *ihn* kommt, so dass er in auserlesenen Momenten ein „höheres Bewusstsein" hat – sondern das Denken wird gerade kräftiger, zugleich aber immer mehr ein ganz anderes. Es wird ein Organ für das Geistige – und dies kann es werden, weil das Ich, das in diesem Denken aktiv wird, selbst ein Geistiges ist. Das *im* Denken tätige Geistwesen macht das Denken zu einem Organ für das Geistige außerhalb. Der Mensch verbindet sich mit dem Wesen der Dinge, und er vermag dies in aller Differenziertheit, weil er das Denken nicht ausgeschaltet hat, sondern es verwandelt.

Auf dem hier gemeinten Weg verliert der Mensch nie das klare Bewusstsein. Die klare Bewusstseinskraft, die mit dem Denken verbunden ist, bleibt gerade erhalten, ja wird überhaupt erst wahrhaft ergriffen und weiter entwickelt.

Und indem wir zum Beispiel die Kräfte der Ehrfurcht oder des Mitleidens erwecken, tun wir dies ebenfalls nicht blind oder eventuell nur halb durchschaut – sondern wir wissen, was wir tun und warum wir es tun. Gerade dadurch werden auch diese Kräfte nicht nur moralische, sondern auch Erkenntnis-Kräfte. Die Stimmung der Ehrfurcht wird für uns zum Erkenntnis-Organ. Was wir ehrfürchtig anschauen, schließt uns sein Wesen viel tiefer auf. Ebenso ist es mit dem Mitleiden – es lässt uns erst wahrhaft Anteil nehmen an dem, mit dem wir uns auf diese Weise innig verbinden. Jede moralische Kraft erleuchtet bisher unerkannte Bereiche der vollen Wirklichkeit.

Klare, reine Bewusstseinskraft verbindet sich mit inniger, tiefer Moralität. Das Wesen des Menschen erwacht und offenbart sich immer mehr...

*

Das Wesen des Menschen ist unendlich groß, erhaben, heilig, wunderbar, unendlich kostbar. Und wenn wir bis hier auch nur einen Hauch von dem Geheimnis des Menschen erahnt haben, so war es das *Denken*, mit dem wir den Sinn der Worte verstanden haben, mit dem wir verstehend in ein Erleben einzutauchen versuchten, mit dem wir aus einem Erleben zu einem Begreifen kamen... Das Denken ist gerade der Schlüssel. Mit dem Denken, indem wir es verwandeln, erfassen wir immer mehr das Wesen des Menschen.

Und das Denken ist der Garant, dass wir dieses Wesen des Menschen in rechter *Weise* suchen... Warum?
Wenn das Denken selbst immer mehr zu einer moralischen Kraft wird, verbindet es sich tief mit dem Wesen der *Wahrhaftigkeit*. Dann aber wird ein solches Denken – und das Ich, das ein solches Denken führt – zum moralischen Hüter der gesamten Entwicklung. Wann immer etwas von unverwandeltem Selbstbezug mit der Entwicklung verbunden bleibt – das wahrhaftige Denken ist in der Lage, es zu erkennen. Wie sollte wahrhaftige Selbsterkenntnis je möglich sein, wenn nicht durch das Denken? Durch ein Denken, das die Kraft der Wahrhaftigkeit in sich aufnimmt.

Alle spirituellen Strömungen, die das Denken gering schätzen, erkennen nicht das wahre Wesen des Denkens – und erkennen auch nicht die eben angedeutete Aufgabe: dass es im Dienste des geläuterten Ich zum Hüter der ganzen moralischen und spirituellen Entwicklung werden kann und muss. Wenn das klare, immer mehr gekräftigte Denken nicht wirklich anwesend sein darf, gibt es keinen klaren, sicheren Schutz gegen ein Bestehenbleiben selbstsüchtiger Anteile in der Seele – oder ein immer neuerliches Sich-Einschleichen eines subtilen Egoismus. Menschen können sehr wohl „erleuchtet" sein, umfassend „wissend" oder auch unendlich „liebevoll" – und dennoch einen großen Anteil eines unverwandelten Egoismus in ihrer Seele tragen. Dann bricht die innere Entwicklung an diesem Punkt ab. Sie geht nicht weiter, obwohl die betreffenden Menschen glauben, auf dem Weg schon sehr, sehr weit zu sein...

Wir müssen den Weg zum wahrhaften Menschentum *noch* viel, viel größer verstehen. Das können wir nur, wenn wir das Denken hochschätzen und sein Geheimnis erfahren: wenn wir selbst erfahren, wie unendlich weitreichend mit dem Denken *erkannt* werden kann. Das unendlich hohe Geheimnis des Menschen wartet erst darauf, erkannt zu werden. Und das Denken wartet erst darauf, zu jenem Geistes-Organ zu werden, das dieses unendlich kostbare Geheimnis erkennen darf...

Geben wir auch unsere Lieblings-Meinungen und -Anschauungen über diese oder jene spirituelle Strömung auf. Geben wir unsere festen Vorstellungen von „dem Höchsten" auf. Und beginnen wir stattdessen, zu versuchen, von dem Wesen des Menschen immer höher, immer größer zu denken!

Es mag auch Wesenheiten geben – und gibt sie auch –, die höher entwickelt sind als der Mensch. Aber wie wollen wir von *diesen* jemals wahrheitsgemäß denken, wenn wir nicht einmal den *Menschen* groß genug denken können? Wenn wir den Menschen nur „gewöhnlich" denken können, wie sollten wir dann von höheren Wesenheiten jemals hoch genug denken können?

Wir brauchen nicht nach einer abstrakt vorgestellten und ganz fernliegenden „Erleuchtung" zu streben. Unendlich viel ist bereits erreicht, wenn wir wirklich erlebend die Realität von Seele und Geist zu begreifen beginnen.

Die Realität der Seele! Die Realität des Geistigen! Welch ein *Wunder*, dass die Seele Sehnsucht nach dem Geist haben kann! Welch ein Wunder ist *das Ich*, das eine so innige Verwandtschaft mit dem Geist offenbart, indem es durch seine eigene Aktivität das Denken allmählich in ein lebendiges Organ des Geistigen verwandelt!
Ein Wunder ist es schon, wenn man dies alles nur versteht. Unendlich aber wird das Wunder werden, wenn wir es als individuelle Menschen innerlich tatsächlich zu verwirklichen, zu erfahren beginnen.

Und auch jede einzelne Fähigkeit und Kraft, die die Seele sich erringt, ist bereits ein Wunder. Gerechtigkeit. Wahrhaftigkeit. Mitleid... Welche unendlich edlen, kostbaren Kräfte! Wenn wir wirklich versuchen könnten, zu empfinden, was dies für Kräfte sind, wir müssten in tiefer Andacht stille stehen vor ihnen – und vor dem Wesen der Seele, das sich so etwas unendlich Kostbares zueigen machen kann...

*

Die Seele, die auf diese Weise ganz bewusst eine innere Entwicklung durchmacht und immer mehr mit den wunderbaren, realen Kräften des wahren Menschentums in Berührung kommt, sich mit ihnen durchdringt, lässt das, was sonst nur im Märchen geschieht, zu einer Realität werden.

Für den übersinnlichen Blick verwandelt sich die Seele in etwas immer mehr unendlich Schönes. Die Seele selbst wird mit Sonnen-Gold, mit Sterntalern übergossen – dies sind die erworbenen inneren Kräfte und Eigenschaften, die sie so *schön* werden lassen. Die Seele verliert alles Grobe, gewinnt alles Reine, Zarte, Tiefgehende, gewinnt die Kräfte des Lebens. Die Seele selbst wird die reine Jungfrau, deren unendliche Schönheit und Anmut darin besteht, von sich selbst abzusehen und sich der Welt zuzuwenden, in Liebe, in Sympathie...

Der erfolgreiche Geschäftsmann mit dem sehr gefühlsarm gewordenen Herzen sehnt sich vielleicht nach der Begegnung mit einem unschuldigen, reinen Mädchen. Und diese Sehnsucht nach einer reinen Liebe zu einem reinen Menschen lebt in jeder Seele. Unzählige Filme basieren auf dieser Sehnsucht. Aber wem gilt diese Sehnsucht? Sie gilt den reinsten Kräften des Menschenwesens – wie sie urbildlich in einem Mädchen mit reinem Herzen auftreten. Dieses Mädchen ist dann ein Träger dieser Kräfte, sie sind Teil seines Wesens.

Man kann diese Kräfte aber auch in sich *selbst* suchen. Das ist dann gleichsam die Suche nach der Jungfrau, die in der eigenen Seele zu finden ist – wenn man sie dort auferstehen lassen könnte! Der Mensch kann diese Jungfrau, nach der er sich so sehnt, in der eigenen Seele finden ... aber nur, wenn er selbst innerlich aktiv wird; wenn er danach strebt, so rein zu werden wie sie... Erst dann ist er eigentlich auch äußerlich einer solchen Jungfrau „würdig", aber dann ist er dabei, ihre Reinheit auch in sich selbst zu verwirklichen. Er findet sie innerlich, er vermählt sich innerlich mit ihr! Die eigene Seele wird jungfräulich: Dies ist die innigste Verbindung zu den reinen Kräften der Jungfrau, die möglich ist...

Die Sehnsucht des Mannes nach der Jungfrau ist in tiefstem Sinne die Sehnsucht danach, *selbst* Jungfrau zu werden, die Kräfte des reinen Mädchens auch in der eigenen Seele tragen zu können: ein reines und zartes Wahrnehmen, ein tiefes Empfinden, ein aufrichtiges, vertrauensvolles Denken, ein selbstloses Handeln.

Dabei müssen die „männlichen" Kräfte der Klarheit, des Mutes und der Kraft nicht verlorengehen. Doch sie stehen dann im Dienste der Reinheit, des „Ewig-Weiblichen", das die Seele tatsächlich „hinanzieht", über sich hinaushebt, zu ihrem wahren Wesen führt. Die edle, wunderschöne Königin – das wahre Wesen der Seele – darf endlich wieder Herrscherin sein in ihrem Reich...

Christian Morgenstern schrieb einmal: „Schön ist eigentlich alles, was man mit Liebe betrachtet. Je mehr jemand die Welt liebt, desto schöner wird er sie finden." – Aber auch das Umgekehrte ist wahr: Schön ist eigentlich alles, was die Liebe in sich trägt. Je mehr jemand die Welt liebt, desto schöner wird seine Seele...

Ein anderes Wort von Morgenstern ist: „Habt das Leben bis in seine unscheinbarsten Äußerungen hinab lieb, und ihr werdet bis in eure unscheinbarsten Bewegungen hinab unbewusst von ihm zeugen." – Auch dies deutet darauf hin, dass derjenige, der sich in Liebe der Welt zuwendet, reinste Lebenskräfte in sich trägt. Die Liebe *ist* diejenige Kraft, die alles lebendig macht – auch die eigene Seele. Alles, was die Liebe berührt, wird lebendig und schön. Wie sollte die Seele, wenn sie sich selbst zum Träger der Liebe macht, davon ausgenommen sein...?

Nehmen wir unsere tiefste Sehnsucht ernst. Es ist die Sehnsucht der Seele nach *dieser* Schönheit, nach Leben, nach Entwicklung, nach Vertiefung – nach Reinheit und nach der Fähigkeit, immer tiefer lieben zu können. Es ist die Sehnsucht nach dem wahren Menschentum.

Dafür muss die Seele intensiv an sich arbeiten. Doch der Lohn ist so wunderbar wie ein Märchen – der Lohn *ist* ein Wunder...

Zur Realität des Moralischen –

und einer Welt geistiger Wesenheiten

Warum wollen wir das Wesen des Menschen immer tiefer erkennen lernen? Weil es unser *eigenes* Wesen ist; weil wir durch dieses Erkennen immer mehr zu uns selbst kommen, unser Wesen immer mehr *wahrmachen* können. Es geht um ein Erkennen, das nicht zu abstraktem Wissen erstarrt, sondern das den ganzen Menschen durchdringen, beleben, beseelen kann – das das Gefühl vertiefen und den eigenen Willen erwärmen kann.

Nur derjenige Mensch wird sich eine solche Erkenntnis erringen wollen, der eine Sehnsucht nach einer solchen Vertiefung empfinden kann. Doch diese Sehnsucht lebt in jeder Seele in einer tiefen Schicht, oft ganz verborgen, aber dennoch da.
Man kann sich ihrer bewusst(er) werden – immer wieder neu –, wenn man etwas liest, was im Grunde diese Sehnsucht als (verborgenen) Inhalt hat. Man lese einmal den „Kleinen Prinzen" von Antoine de Saint-Exupéry. Im Lesen wird langsam die Hektik des Alltags aufgelöst, und der Mensch wird mit seiner Seele, seinen Gedanken, seinen Kräften der Aufmerksamkeit in eine Sphäre geführt und mitgenommen, die eigentlich ganz auf das Wesentliche ausgeht, die in das Kontemplative, in eine Besinnung hineinführt.
Erst in dieser Sphäre und in diesem „Zustand" bzw. dieser Stimmung der Seele bekommen die Fragen nach dem Menschen Relevanz – denn erst hier hören sie auf, bloß intellektuell zu sein.

Allzuoft werden Fragen nach dem Menschenbild nicht weniger oberflächlich gestellt, als es unser übriger Alltag ist. Man hat ein Menschenbild, ein Ideal, eine Weltanschauung, eine Ansicht – aber all dies vertieft sich nicht, ist vor allem im gegenwärtigen Moment, zum Beispiel einer Diskussion, nicht *vertieft* anwesend, sondern bleibt vor allem im Kopf. Dann sitzen vielleicht Menschen in einer Runde und geraten in eine „erhitzte" Diskussion, diskutieren sich buchstäblich „die Köpfe heiß" – und das Menschenbild besteht in bloßen Gedanken, über die sich erregt und gestritten wird.

Wirkliche spirituelle *Erkenntnis* bedeutet, über diese immer wieder in die Abstraktion geratende, intellektuelle „Kopfsphäre" einerseits hinauszukommen, sich wirklich in eine Sphäre der *Wahrheit* zu erheben – in jene Sphäre, in der das Geistige real anwesend ist und in der nicht gestritten zu werden braucht und auch nicht gestritten werden kann, weil man sich dann selbst gegen die Wahrheit stellen würde. Andererseits muss man ebensosehr *unter* diese „Kopfsphäre" hinunterkommen. Die *realen* geistigen Erkenntnisse verbinden sich mit dem ganzen Menschen: mit der Herzensregion, in der aus einer lebendigen, geistigen Erkenntnis ebenso lebendige, tiefe Gefühlsimpulse hervorgehen; und mit der Willensregion, in der der Mensch zu Willensimpulsen kommt, die zu *guten* Handlungen auf Erden werden können.

*

Wenn man in dem hier angedeuteten Sinne in eine solche mehr kontemplative Stimmung kommt, indem man sich dem *Wesentlichen* näher fühlen kann, und in dieser Stimmung dann wirklich innere Fragen, eine Art innerer Sehnsucht spürt, dann bekommen die Fragen nach dem Menschen erst einen wirklichen Sinn. Und man geht den Antworten bereits ganz real entgegen!

Die innere Sehnsucht, die man empfinden kann, wenn man so in die „Wesens"-Sphäre hineingeführt wird, kann einem etwas sehr Wichtiges zeigen. Empfinden wir diese Sehnsucht... Wonach sehnt sich der Mensch da eigentlich?

Wir müssen versuchen, diese Fragen *selbst* zu beantworten, indem wir unsere Seele bewusst in diese beschriebene Stimmung bringen und dann selbst erleben können, was geschieht.

Wir versuchen also, in uns bewusst diejenige Empfindungssphäre hervorrufen, in der diese Sehnsucht real wird, in der sie gleichsam „wohnt" und zuhause ist, in der sie leben kann. Dann können wir versuchen, diese Sehnsucht so stark wie möglich zu erleben, sie zu verstärken. Und wenn uns dies gelingt, versuchen wir in einem weiteren Schritt schließlich, uns alledem zugleich erlebend gegenüberstellen, doch nur mit einem Teil unserer Aufmerksamkeit; gleichzeitig bleiben wir auch *im* unmittelbaren Erleben – denn sonst wäre unmittelbar alles vorbei, wir wären herausgefallen und hätten nur noch eine Erinnerung.

In diesen drei Sätzen liegt ein ganzer Übungsweg, der immer weiter vertieft werden kann. Es geht hier um das Geheimnis der inneren Selbsterziehung einerseits (Vertiefung der Seelenfähigkeiten, des Denkens, des Empfindens) und der seelisch-geistigen Erlebnisse und Beobachtungen andererseits, die wiederum mehr und mehr im besten Sinne zu einer Geistes-Wissenschaft werden können. Und nur auf diesem Wege können die Wahrheiten des Menschen gefunden, die Fragen des Menschen beantwortet werden!

Einerseits müssen die Seelenfähigkeiten, die das wahrhaft Menschliche ausmachen, überhaupt erst entwickelt und immer mehr vertieft werden ... und andererseits kann dasjenige, was mit Hilfe dieser neuen und sich vertiefenden Fähigkeiten an Erlebnissen möglich wird, an Erfahrungen gemacht wird, selbst wieder in voller Klarheit mit dem Bewusstsein begleitet und erkannt werden. Vertiefung des Menschentums ist eine Frage der sich vertiefenden Empfindungen und moralischen Willensimpulse *und auch* eine Frage der sich vertiefenden Kraft des Denkens, der Aufmerksamkeit und der Bewusstseinsklarheit...

Sobald wir unser Bewusstsein auf das richten, was wir im *seelischen* Erleben beobachten können, befinden wir uns in einem Bereich über-sinnlicher Forschung – denn wir haben die *Sinnes*-Wahrnehmung verlassen. Doch auch in diesem Bereich können wir dieselbe Klarheit bewahren, wie wir sie von der auf die Sinneswelt bezogenen Forschung kennen. Wir verlieren diese Klarheit im Seelischen nicht, wenn wir *uns* im seelischen Erleben nicht verlieren.

Insofern es also um das klare Erkennen dieser seelisch-geistigen Prozesse und Erfahrungen geht, darf unser inneres Erleben im Erleben der Seeleninhalte, der verschiedenen Empfindungen, nicht ganz aufgehen – obwohl diese Empfindungen gleichwohl sogar noch verstärkt und vertieft werden sollen! –, sondern zugleich soll unsere Aufmerksamkeitskraft in allem klar bewusst sein. Dann ist das Erforschen des seelisch-geistigen Erlebens mit derselben Klarheit möglich, die auch die gewöhnliche Forschung erfordert. Ja, die gesteigerte Aufmerksamkeits- und Bewusstseinskraft führt sogar zu einer noch größeren Klarheit...

Letztlich steht auch hinter dieser Kraft wiederum das „Ich", das wir als den Initiator all dieser bewusst geführten Prozesse erkennen – und wirklich auch immer mehr erleben lernen können. Das Ich ist derjenige aktiv tätige Mittelpunkt in uns, der das klare Bewusstsein aufrechterhält – und sich schließlich dem ganzen aktiven Geschehen zugleich auch immer mehr gegenüberstellen kann. Alles zugleich: Aktives Hervorbringen, Vertiefen und Fühlen seelischer Empfindungen und Stimmungen; klares, waches Bewusstsein; und ein Sich-Gegenüberstellen, ein *erlebendes Beobachten* dessen, was da getan wird, geschieht, empfunden wird.

Auch wenn wir bei unseren Bemühungen erleben werden, wie *schwer* dies ist, sollten wir nicht zu schnell die Hoffnung verlieren und nicht aufgeben. Denn, was man auch bemerken kann, ist, dass sehr schnell ein tieferes Verständnis dafür wächst, worauf es ankommt. Und dadurch können bereits sehr viele Erfahrungen gemacht werden – Erfahrungen, Entdeckungen, Ahnungen. Das Innere des Menschen bekommt immer mehr Kontur, es weitet sich auch, wird größer, tiefer, und es gewinnt nach und nach Substanz, geahnte Substanz...

Immer deutlicher wird, wie *real* die seelischen, geistigen Geschehnisse sind. Diese Realität verstärkt sich einem immer mehr. Vollkommen klar wird schließlich, dass die Realität des Menschen in dieser sehr, sehr realen „Innenwelt" gefunden werden muss – einer Welt, die weit, weit mehr ist als eine „psychische Innenwelt" mit bloßen psychischen Phänomenen und Mechanismen.

*

Versuchen wir also wiederum, uns innerlich in die Sphäre des „Wesentlichen" zu begeben. Versuchen wir mit oder (später) ohne Hilfe geeigneter Texte, jene „Gestimmtheit" der Seele hervorzubringen, in der sich die Seele mit dieser Sphäre verbindet, sich zu ihr erhebt, in sie eintaucht... In dieser Sphäre, in dieser Seelenstimmung, kann verstärkt eine Sehnsucht spürbar werden. Empfinden wir diese Sehnsucht... Wonach sehnt sich der Mensch da eigentlich?

Wenn wir diese Sehnsucht ernst nehmen und wirklich verstehen, wird sie uns wohl immer eines zeigen können: Die menschliche Seele sehnt sich nach dem *Guten*. In ihr lebt eine Sehnsucht danach, *gut* zu werden, sich mit dem *Guten* zu durchdringen. – Mögen in der Seele noch ganz andere Impulse leben, mögen schon beim Aussprechen dieser letzten Sätze doch wieder Wogen des gedanklichen Widerstandes hochgeschlagen sein – diese Sehnsucht ist in der Seele *anwesend*, und sie lebt auf, wird stärker fühlbar, wenn wir unsere Seele in eine Stimmung der Besinnung kommen lassen.

Der oben angedeutete Übungsweg ist so wesentlich, weil diese allerwichtigsten, innersten Empfindungen zunächst nur so verborgen als oft nur ganz leise Sehnsucht in der Seele leben (dürfen). Sobald sie in das Bewusstsein gehoben werden sollen, verschwinden sie schon wieder – und spätestens dann, wenn das gewöhnliche Erleben oder gewöhnliche Gedanken und Gefühle wie eine ungeheure Woge heranbranden und alles eben noch dagewesene zarte Erleben auslöschen, wie unwesentliche Spuren im Sand...
Demgegenüber kann jedoch auch immer mehr das Bedürfnis erwachen, diese Erlebnisse nicht zu verlieren, sondern zu *verstärken*. Dieses Bedürfnis wird zunehmen, wenn der Mensch seiner eigenen Sehnsucht folgt. Denn sie *ist* eine innerste Sehnsucht der Seele: Die Sehnsucht nach dem Guten.
Und doch muss diese Sehnsucht sich erst all dessen erwehren lernen, was sie fortwährend zu ersticken droht; muss der Mensch selbst erst lernen, die Sehnsucht seiner eigenen Seele wahrzunehmen, ernst zu nehmen, sie zu behüten wie einen hilflosen, schwachen Keim...

Was ist das Gute? Und warum sehnt sich die Seele danach?

Um innerlich zu erleben, was „das Gute" ist, müssen wir versuchen, uns zunächst von allen festen Vorstellungen zu befreien, die sich unserer realen, gegenwärtigen Erkenntnis als Hindernisse in den Weg stellen.

Das können Vorstellungen sein, die ohnehin negativ, antipathisch besetzt sind – etwa Vorstellungen äußerer Normen und Wertvorstellungen, die unsere Seele mehr oder weniger bewusst ohnehin als äußeren Zwang, äußere Bestimmung *ablehnt* – vielleicht nicht den Inhalt an sich, aber eben das Äußere, das von außen Zwingende.

Es können aber auch Vorstellungen sein, denen man selbst stark anhängt, die aber auch wiederum etwas Fertiges sind; die scheinbar Antworten geben, in Wirklichkeit aber nur diejenigen Punkte markieren, wo das Denken *aufhört*, wo man nicht weiterdenkt.

Von diesen gewohnten, ja vielleicht geliebten Vorstellungen wird man sich wahrscheinlich schwerer befreien können. Man kann auch dies wiederum nur durch Erkenntnis tun. Man prüfe diese fertigen Vorstellungen also bis ins Innerste, so sorgfältig wie möglich. Geben sie wirklich eine Antwort? Eine ausführliche, eine lebendige, eine tiefreichende Antwort auf die eigentliche Frage? Oder sind sie nur diejenigen Stützen, die sich die Seele immer sucht, wenn sie es nicht vermag – oder aber nicht den Willen aufbringt –, den Dingen bis zu Ende zu folgen und auf den Grund zu gehen?

*

Wenn man sich so stark wie möglich von allen festen Vorstellungen und Vorstellungsbruchstücken löst und in der reinen, vom Wesentlichen berührten Sphäre in der wirklichen *Frage* verweilt – welche Antworten entfalten sich dann? Was ist das Gute?

Vielleicht kann man es nicht auf einen Begriff bringen, nicht in einfache, wenige Worte fassen – und dennoch wissen, was das Gute ist. Noch vor allen Worten, ja sogar vor allen konkreten Gedanken, Begriffen.

Was das Gute ist, kann man nicht nur in Gedanken wissen, dieses „Wissen" reicht tiefer, umfasst noch tiefere Bereiche des menschlichen Wesens. Was das Gute ist, wird *gefühlt*, empfunden – das Gefühl, das Herz ist es, das „weiß", was das Gute ist. Man kann zum Beispiel einen Zusammenhang mit dem Begriff oder dem

Wesen der Wärme – einer rein innerlichen Wärme – erleben. In dem Guten lebt Wärme. Aber das „Wissen" um das Gute gründet in noch tieferen Schichten des Menschenwesens. Bis in die Regionen des Willens müssen wir hinuntersteigen, um die Ursprünge dieses Wissens zu finden.

In diesen unmittelbaren Bemühungen des bewussten inneren Erlebens erfahren wir ganz real, was es heißt, wenn gesagt wird, dass „Gleiches nur von Gleichem erkannt" wird. Wirkliches Erkennen ist eine reale Erfahrung. In seiner *Realität* kann etwas nur erkannt werden, wenn der Erkennende sich mit dem zu Erkennenden innig verbindet – wenn er gleichsam sich selbst *in* dem zu Erkennenden erlebt, oder auch: wenn er das zu Erkennende *in sich* erlebt. Das zu Erkennende muss eine wirkliche Realität werden, das heißt aber, der Erkennende muss sich *im Erkennen* lebendig, innig in das zu Erkennende verwandeln, zumindest in diesem einen Moment des Erkennens...
Je weitgehender dieses reale Geschehen stattfindet, desto mehr hört das Erkennen auf, abstrakt zu bleiben, nur abstrakt erlebt zu werden – und desto mehr wird es lebendig, ein reales Geschehen, das den Erkennenden wirklich mit dem realen *Wesen* des zu Erkennenden verbindet.

Diesen Weg in die Realität geht der Mensch, wenn er in der Frage verweilt: Was ist das Gute?
Zuerst mag er sich Vorstellungen machen, in verschiedenen Vorstellungen und Gedanken schweifen, während er sich bemüht, die Frage zu beantworten und das Gute zu denken. Doch das Gute kann nicht gedacht werden. Und so versenkt der Mensch sich schließlich auch in das Gefühl – und er spürt: Hier ist er der Frage nach dem Guten und einer Antwort viel näher. Im Fühlen kann das Gute bereits gefunden werden, das Gute kann gefühlt werden. Das Empfinden von Wärme steht mit diesem Erfühlen des Guten in innigem Zusammenhang.
Und dann kommt der Mensch dem Wesen des Guten noch näher. Er spürt schließlich, wie er dem Guten am innigsten nahe ist, wenn er es in seinem Willen sucht und findet. Das Gute kann *gewollt* werden. Und hier, im Willen, wenn das Gute im Willen gefunden

wird, findet man seine Realität – wie sie sich im eigenen Willen offenbart.

Was aber *will* der Wille dann, was ist dann sein *Impuls*? Was ist das Nächste, wenn das *Gute* im Willen lebt? Die Tat! Das Nächste sind Taten! Mögen sie groß oder klein sind – es sind Taten. In ihnen wird das Gute offenbar, in ihnen gewinnt es Gestalt auf Erden, wird es sichtbar, erlebbar, in seinen Wirkungen wahrnehmbar. Und auf wen oder was richtet es sich? Auf den Anderen, auf die Welt... Es geht um das Geheimnis der Liebe – aber die reine Liebe, die sich ganz vom Selbstbezogenen gelöst hat, um wirklich zu ihrem Wesen zu kommen. Die Liebe richtet sich auf den Anderen, das Andere. Das Gute ist das, was *hilft*, im tiefsten Sinne. Es ist gleichsam das Ziel der Liebe, so wie die Wahrheit das Ziel der Erkenntnis ist.

Wir brauchen das Gute nicht zu definieren – wir können es auch nicht, und wir dürfen es auch nicht, wenn es sein lebendiges Wesen nicht verlieren soll. Das Gute kann man nur in einer Art innerer Ehrfurcht in sein eigenes Seelenwesen aufnehmen, sonst hat man es schon verloren. Man wird unmittelbar empfinden können, wie dies gemeint ist. Diese Ehrfurcht muss nicht immer bewusst sein – eine Seele kann wirklich tief das Gute in sich tragen, ohne bewusst Ehrfurcht davor zu empfinden. Aber der Impuls zum Guten trägt gleichsam seine eigene Ehrfurcht mit sich. *Lieben* wird man das Gute immer, wenn man seinen Impuls in sich trägt. Die Liebe aber enthält die Ehrfurcht in sich. Und die Liebe verhindert alles Definieren...

*

Wenn wir diesen Weg bis zu diesem Punkt innerlich wirklich gegangen sind, können wir sicher sehr, sehr deutlich empfinden, dass wir damit seelisch in eine außer-gewöhnliche Verfassung hineinkommen. Unsere gewöhnliche Seelenverfassung ist eine sehr andere; gewöhnlich leben in der Seele verschiedene ganz andere Impulse, die dann auch unser Handeln bestimmen.

Diese ganze Welt unserer Seele machen wir uns normalerweise gar nicht bewusst. Das heißt, es leben Impulse in der Seele, die wir einfach leben lassen – und ausleben. Wir tun dies, ohne ein klares Bewusstsein vom Wesen dieser Impulse zu haben.

Ein „normaler" Mensch in der heutigen Zeit führt dann ein „normales" Leben, in dem er diverse Handlungen vollzieht, die in ähnlicher Weise meist auch andere Menschen tun. Man hält sich vielleicht mehr oder weniger bewusst für einen „guten" Menschen – wie es wohl auch fast alle anderen Menschen tun –, und vielleicht ist man sich sogar halbwegs darüber bewusst, was man damit meint: Zum Beispiel dass man normalerweise relativ „nett" zu seinen Kollegen ist, seinen Partner und seine Kinder liebt, seine Nachbarn kennt und so weiter. Man weiß, dass man manchmal „nicht so nett" ist, aber dass man sich danach wieder Mühe gibt, es zu sein...

Wenn man noch etwas tiefer schaut, ist man sich vielleicht des Folgenden bewusst: Die meisten Handlungen des Alltags beziehen sich auf einen selbst und auf die Familie. Dann gibt es Freunde, denen man manchmal beim Umzug hilft, denen man etwas zum Geburtstag schenkt und so weiter. Man weiß mehr oder weniger, dass alles Handeln entweder mehr selbstbezogen oder mehr auf den Anderen bezogen sein kann, wobei reine, tiefe Selbstlosigkeit gewöhnlich kaum vorkommt – oder nur da, wo sie leicht fällt, weil man jemanden nun einmal liebt. Und selbst da will man wiedergeliebt werden...

Über das *Gute* macht man sich normalerweise keine tieferen Gedanken. Was „gut" ist, weiß man mehr oder weniger. Dann gibt es noch das Gewissen, das „sich meldet", wenn man etwas getan hat, von dem man dann eindeutig empfindet, dass es *nicht* gut war – dass es zu selbstbezogen war, dass es dem Anderen geschadet hat oder so etwas. Oder man kann auch etwas *unterlassen* haben und dann empfinden, man hätte es tun sollen...

Insgesamt „weiß" man also ungefähr, dass man sich für gewöhnlich in einer Art mittlerem Bereich bewegt. Man bemüht sich zwar

vielleicht, ein guter, netter Mensch zu sein, aber man weiß, dass man es manchmal überhaupt nicht ist. Und man weiß auch, dass man mit alledem dennoch sehr im Zentrum seiner eigenen Person lebt. Und schließlich weiß man auch – all dies natürlich nicht fortwährend bewusst –, dass man sich über die Frage nach dem *Guten* keine speziellen Gedanken macht. Man hat für gewöhnlich nicht den Anspruch, ein in diesem tieferen, bewussteren Sinne *guter* Mensch zu werden. Und man empfindet durchaus, dass man *dafür* ein ganz anderes Leben führen müsste...
Und so ist einem deutlich, dass man sich zwar gerne im oberen Bereich einer Skala empfindet, dass man aber bei einem „umfassenderen" Begriff des Guten – der zum Beispiel zum Vorschein käme, wenn man das Gewissen deutlicher sprechen lassen würde –, sich durchaus in einer wirklichen Mitte befindet. Man ist kein außergewöhnlich, kein durch und durch guter Mensch...

*

Die ehrliche Selbstbeobachtung kann natürlich jeder Mensch nur selbst vollziehen – für sein wirkliches, ganz individuelles Leben. Was wir aber ganz sicher sehr deutlich empfinden können, ist, dass das Gute etwas ist, was man mit gewöhnlichem Handeln, mit gewöhnlichem Denken und Fühlen eigentlich nicht erreichen kann.

Wenn man ein ehrliches Empfinden in Bezug auf das Gute hat – und nach unserer innigen Suche nach dem Guten *können* wir ein solches Empfinden haben –, dann kann man deutlich empfinden, dass das wirkliche und vor allem das volle, das fortwährende Aufnehmen des Guten, des Impulses zum Guten, das eigene Leben vollkommen verwandeln müsste...
Ja, man kann sogar empfinden, dass es eigentlich nicht möglich ist, das wirkliche Gute für einen *Moment* aufzunehmen und dann wieder in das gewöhnliche Leben zurückzukehren... Das wirkliche, vollwirkliche Gute „auf Zeit" – das ist eigentlich nicht möglich...
Man spürt: Würde man das *volle* Gute in seinen Willen aufnehmen, dürfte man es nie wieder lassen, würde man es gar nicht wollen. Aber *so* gut ist man eben nicht, will man nicht sein – „will" vielleicht schon, kann es aber nicht...

Und wenn man dem noch tiefer nachfühlt, weiß man, wie es wirklich ist: Man könnte eben *doch*. Man könnte wirklich diesen großen, echten Willen zum Guten in sich aufnehmen, wenn man *wirklich* wollen würde. Aber so groß, so voll, so wirklich will man nicht... Man will doch noch ein *eigenes* Leben führen...

Hiermit sind wir dem Geheimnis des Guten wiederum näher gekommen. Es ist immer das gleiche Geheimnis, aber mit jedem Aspekt inneren Erlebens und innerer Erfahrungen lernen wir das Wesen des Guten mehr kennen. Wieder haben wir gesehen, dass das Gute dem Anderen gilt, sich auf ihn bezieht. Wenn man also den *vollen* Willen zum Guten in sich aufnähme, so würde das ganze Leben ein Impuls werden, der sich dem Anderen zuwendet, mit aller Kraft ... der Liebe.

Mit ehrlicher Anschauung werden wir uns also sicher sagen müssen: Was wir an Liebe in uns tragen, ist kleiner als diese große, umfassende Liebe, die wir uns zwar *vorstellen* können, die aber nicht in dieser Größe in uns lebt.

Warum können wir uns diese umfassende Liebe überhaupt vorstellen? Was stellen wir uns da eigentlich vor?

Nun, wir können von dem ausgehen, was wir an tiefsten, edelsten Impulsen der Selbstlosigkeit in uns tragen oder einst in uns trugen – oder auch in anderen Menschen erlebt oder kennengelernt haben. Und wir können uns diese Impulse bis ins Unendliche erweitert denken – so weit, bis alles, was noch etwas nur für sich selbst will, im Feuer der Liebe für das *Andere* verbrennt...

Auf einem solchen Wege können wir innerlich zu einem realen *Begriff* der Liebe kommen, der Liebe an sich, allumfassend, ungetrübt durch alles, was ihr entgegensteht, was sie schwächen könnte. Und warum können wir einen solchen Begriff fassen? Offenbar auch deshalb, weil ein viel schwächerer *Funke* dieser Liebe auch in uns lebt – und lebendig wird, wann immer wir Handlungen der Selbstlosigkeit vollbringen oder unsere Handlungen zumindest *auch* selbstlose Impulse in sich tragen.

Wenn aber dies eine Realität ist – und wir *erfahren* diese Realität ja unmittelbar, werden uns ihrer ja immer differenzierter bewusst! –, dann bedeutet das: Die *Liebe* ist etwas Reales – und zwar etwas derart Reales, dass ihr wahres Wesen geradezu unendlich groß gedacht werden muss, während das, was wir als Liebe in uns kennen, immer nur ein abgeschwächter Funke davon ist, der mal mehr aufglimmt, mal weniger – und der sich auf nicht sehr viele Menschen bezieht...

Mehr und mehr kommen wir so zu einem realen, erlebten Begriff von der Liebe, von einer Realität, vor der wir eigentlich nur in größter Ehrfurcht stehen können. Denn, wenn es wirklich stimmt, dass unsere eigene Liebe, selbst da, wo sie groß, sehr groß wird, nur ein kleiner Funke der allumfassenden Liebe ist...

Und es ist doch gar nicht denkbar, dass unsere Liebe, deren Unvollkommenheit, deren unendliche Wachstumsfähigkeit wir eigentlich unmittelbar *erleben* können, dass dieser Keim oder Funke die „letzte Realität" sein soll, dass es nichts gäbe, *wovon* der Funke eben nur ein kleiner Funke ist? Mit anderen Worten: Dass es das, was wir *denken* können, nicht auch in Wirklichkeit geben sollte...

*

Es gab auch Menschen, die ihr ganzes Leben in den Dienst Anderer, in den Dienst des Helfens gestellt haben, deren ganzes Leben ein Helfen, ein Dienen, eine Offenbarung der Liebe war. Man denke an Mutter Teresa, an Albert Schweitzer, an Franziskus von Assisi. Aber das Mysterium hört hier nicht auf. Gerade solche Menschen hätten wohl immer sagen können, wie *unvollkommen* ihr Leben gewesen sei, wie wenig sie von dem tun konnten, was sie hätten tun *wollen*...

Wieder stehen wir vor der Tatsache, dass die Liebe im Willen lebt – und dass sie im Willen *dieser* Menschen so groß, so heilig lebte, dass diese Menschen über jeden Zweifel erhaben erlebten: Dies ist größer als ich. Ich trage in mir eine noch größere Liebe, als ich verwirklichen kann. – Konkret auf Erden, in einem irdischen Leib, kann der Mensch nur bestimmte Taten tun, selbst wenn er ein ganzes Leben zur Verfügung hat. Doch die Liebe, die in ihm leben kann, kann über all diese Grenzen hinausgehen, kann unendlich schmerzen, weil man nicht *mehr* tun kann, obwohl man es möchte, obwohl die Liebe in einem es will...

Durch unser eigenes Erleben und durch das Besinnen dieser Tatsachen kann uns immer deutlicher werden, welche *Realität* diese Liebe ist. Nicht der Mensch hat Liebe, sondern etwas von dieser Liebe kann im Menschen aufleuchten – und er kann sich in seinem Willen immer mehr von dieser Liebe durchdringen lassen – lassen! –, diese kann schließlich so groß werden, dass sie wie eine Art *Sonne* im Menschen wird, aus all seinen Handlungen hervorstrahlt und der Mensch weiß: Ich bin zu gering...

Die Liebe ist eine eigenständige Realität – und man muss eigentlich formulieren: Sie *begnadet* den Menschen. Es ist reine Gnade, dass wir lieben *können* – stellen wir uns nur für einen Moment vor, wir könnten es nicht! Und doch ist es nur ein Funke, ein kleines Glimmen dieser wirklichen Realität. Was *ist* dann diese Realität?

Gerade diejenigen Menschen, die diese Liebes-Sonnen-Kraft in sich am tiefsten, am überströmendsten fühlten, haben erlebt und erkannt, dass es ein *Wesen* ist, das der Träger der Liebe ist – dass die Liebe *wesenhaft* ist. Und viele von ihnen haben auch erlebt, dass dasselbe Wesen überhaupt die schöpferische Essenz von allem ist, was ist – das schöpferische, allumfassende Gottes-Liebes-Wesen...

Wie aber konnte dieses Wesen den Menschen so nahekommen, dass man in ihm nicht nur den Schöpfer alles Seienden erlebte (Creator mundi), sondern auch die Quelle aller Liebe, nicht nur die „Liebe Gottes" zu den Menschen, sondern auch etwas, was der Mensch als *eigene* Liebe in sich aufnehmen kann, um mit *dieser* Liebe zu lieben...? Denn es wurde und wird als ein Wesen erlebt, das den Menschen *unendlich* nahegekommen ist, das *im Menschen selbst* leben kann, leben will...

Dies ist möglich, weil dieses Gotteswesen *selbst* zuerst Mensch geworden war. Weil es nicht nur Schöpfer alles Seienden geblieben ist, sondern sich *noch viel inniger* mit der Schöpfung verbunden hat. Weil es kosmisch-göttlich war und nun auch Mensch wurde – *ein* Mensch, der Menschensohn...

Und dieser Mensch, dieser Gott, er ging durch den Tod, erfuhr wirklich als Menschensohn den Tod, und es erwies sich, dass der Tod ihm nichts anhaben konnte, dass er den Tod überwand – und in *menschlicher Geistgestalt* aus dem Tod auferstand. In dieser Gestalt aber ist er seitdem mit der Erde verbunden, mit der ganzen Erde, unendlich nahe jedem Menschen.

*

Dass dies eine Realität ist, muss man nicht glauben – aber man kann versuchen, sich dieser Realität zu nähern, sie immer mehr zu begreifen, auch im Gefühl zu erfassen, im eigenen Willen... Niemand soll *irgendetwas* glauben müssen. Und vielleicht müsste man Bücher, viele Bücher schreiben, um diese Realität noch ganz anders erlebbar zu machen. Selbstverständlich kann sie nicht in wenigen Absätzen für das Denken zugänglich werden, verstehbar und begreifbar werden.

Man kann unendlich vieles bei Rudolf Steiner finden, der die Wissenschaft des Geistes begründet hat und Wege aufzeigte, wie man sich diesen übersinnlichen Wirklichkeiten innerlich nähern kann. Durch seine Schilderungen werden die Tatsachen, die von konfessionell erstarrten kirchenreligiösen Strömungen nur noch in Form unverständlicher, ausgehöhlter Dogmen überliefert werden, wieder real *denkbar* und begreiflich. Davon kann man sich nur selbst überzeugen – wenn man die Mühe aufwendet, die verschiedenen Vortragsreihen zu studieren, die Rudolf Steiner zum Christus-Geheimnis geben konnte.

Aber noch über vieles Andere kann man einmal unbefangen nachsinnen, um sich selbst die Frage zu stellen: Um welche Realität geht es hier? Hindern mich eigentlich nur feste Vorstellungen und eine innere Abwehr gegen *diese*, etwas zu erkennen, anzuerkennen, was eine wirkliche Realität ist?

So steht vor einem das Rätsel eines Paulus. Dieser Mensch hieß ja zunächst Saulus und war ein erbitterter Verfolger der ersten Christen. Er war ein Jude, ein vorbildlicher Pharisäer und ein absoluter Gegner des gotteslästerlichen Irrglaubens, der sich nach – und trotz! – dem Tode eines Menschen ausbreitete, dem er selbst nie begegnet war. Laut Lukas, der auch die Apostelgeschichte verfasste, soll dieser Saulus sogar die Steinigung des Stephanus beaufsichtigt haben. Doch eines Tages geschieht etwas. Paulus ist gerade vor Damaskus. Und hier erlebt er, schaut er plötzlich den Auferstandenen. Und von da an wird er zu einem glühenden Verbreiter des Christentums. Entweder handelt es sich hier um ein absolutes Rätsel – oder um eine wirkliche Realität...

Die Paulusbriefe nehmen neben den Evangelien einen hervorragenden Platz im Neuen Testament ein, denn sie legen Zeugnis ab von einer tiefen, spirituellen Menschenkunde – von der Verwandlung des alten Menschen in einen neuen Menschen, einen geistigen Menschen, der sich mit dem Wesen des Christus verbindet... Paulus entfaltet eine außerordentlich genaue, differenzierte Beschreibung eines Mysteriums – desjenigen Mysteriums, das sich ereignet, wenn der Mensch beginnt, aus dem bloß natürlichen, kreatürlichen Sein herauszutreten und in die ganz andere Wirklichkeit einzutreten, die mit der Christus-Wirklichkeit und -Wirksamkeit verbunden ist.

Diese Realität kann der Mensch, der eine Verbindung zu dieser Wirklichkeit sucht, selbst nach und nach erleben. Alles, was Paulus schreibt, bestätigt sich so allmählich in der eigenen Erfahrung – und so weiß man dann aus eigenem Erleben, dass es hier um eine allertiefste *Realität* geht.

Mag der zweifelnde Verstand dem zunächst noch entgegenstehen, das tiefere, unbefangene „Gedankenlicht" *hat* längst Begriffe für das, was doch ein reales Empfinden und Erleben ist... Der Mensch reißt sich hier los von etwas, was ihn zuvor gebunden hat, und er befreit sich in eine Sphäre, zu der er hinstrebt, weil er hier den

Inbegriff der Reinheit, der *Läuterung* erlebt. In dieser Sphäre, die er immer mehr, immer sicherer als die Sphäre eines *Wesens* erleben kann, empfindet er, weiß er das Ziel des Menschen. Dieses Wesen *ist* in seiner Vollkommenheit dasjenige, was der Mensch, der dieses Mysterium der Heiligkeit, der Heiligung spürt ... werden will.

Das Erleben des Auferstandenen durch Paulus ist *eines* der großen Wunder. Man kann auch einmal darüber nachsinnen, dass auch andere Menschen ganz ähnliche erschütternde Erlebnisse hatten. Rudolf Steiner sagte 1907 voraus, dass in der Zukunft immer mehr Menschen ein Schauen des auferstandenen Christus haben könnten, dass aber ein Beginn in den Jahren um 1935 liegen würde. Und tatsächlich hatten viele Menschen, vor allem in Situationen großer Not, solche Erlebnisse – Erlebnisse, die dann für immer zu den erschütterndsten und zugleich tröstendsten, stärkendsten Momenten ihres ganzen Lebens gehörten.[4]

*

Ein weiteres ungeheures Mysterium ist das Folgende. In den ersten Jahrhunderten nach Christus breitete sich das Christentum nach Westen aus. Im Urchristentum lebte ein ungeheurer Impuls der Brüderlichkeit. Menschen erlebten die Verwandlungskraft des Christus-Impulses bis tief ins Innerste – und waren sogar bereit, für ihren (wissenden) Glauben zu sterben. Sie wurden den Löwen zum Fraß vorgeworfen und auf andere grausamste Weisen getötet – und sie gingen freiwillig in den Tod, wissend, dass sie dort nicht allein sein würden, dass sie „in Christus sterben" würden, *in* das Leben des Christus hinein.

Doch dann wurde dieses Christentum im römischen Reich schließlich anerkannt, es wurde gleichsam Staatsreligion – und nun verband sich mit diesem Christentum der Impuls der *Macht*. Der Impuls, der nicht von dieser Welt war und sein sollte, verband sich mit der Macht dieser Welt. Das römische Weltreich war der Inbe-

---

[4] Siehe zum Beispiel das Buch „Ich bin bei euch. Christuserfahrung heute".

griff der Macht – und die Kirchenführer, Bischöfe und sehr bald der Papst handelten unter dem Schutze und mit weltlicher Macht...

Im 7. Jahrhundert wurden Missionare dieses römischen Christentums bis weit in den Norden geschickt, in das Gebiet der germanischen Stämme und weiter bis nach Britannien. Doch was geschah? Sie kamen in Gebiete, in denen das Christentum schon lebte! Diese römischen Missionare fanden ein freies, geistiges, brüderliches Christentum vor, das ... auf irisch-keltische Mönche zurückging, die von Norden durch Europa gezogen waren, um den wunderbaren Impuls des Auferstandenen auszubreiten.

Dieses keltische Christentum wurde dann von der römischen Kirche von Anfang an *bekämpft*. Es war sehr verschieden von dem bereits zu dieser Zeit in Macht und Dogmen erstarrenden römischen Christentum – es hatte einen ganz freien, jubelnden, brüderlichen Impuls, und es war *nicht* erdenfeindlich: Christus war zugleich der „Herr der Elemente", die ganze Natur war von Ihm durchleuchtet...

Das römische Christentum stützte sich auf die irdische Macht – das irisch-keltische Christentum stützte sich auf nichts als den Christus-Impuls selbst, wie er im einzelnen Menschen wirksam wurde und in ihm Menschen überzeugte... Das römische Christentum verwies auf den sündigen Menschen und war in seiner Verkündigung trotz seiner Machtfülle gerade weltverneinend – die irischen Mönche erlebten, dass Christus sich gerade mit der ganzen Erde verbunden hatte, in allem lebte...

Doch das eigentliche Mysterium ist, dass es für die äußere Forschung bis heute ein Rätsel ist, wie das Christentum nach Irland kommen konnte! Es *war längst da*, bevor die ersten Missionare Irland erreichten – und dieses ganz andere Christentum bekämpften... Dieses Rätsel löst sich erst, wenn man die Mitteilungen Rudolf Steiners ernst nimmt – und noch dann bleibt es ein Mysterium.

Rudolf Steiner schildert die alten keltischen Eingeweihten, die Druiden. Diese hatten ein tiefes, auf einem unmittelbaren Erleben beruhendes Wissen über die Geheimnisse der Natur, der Elemente. In der Sonne erlebten sie ein geistiges Geheimnis, das sie gerade dann wahrnahmen, wenn sie sich in kleine runde Steinbauten zurückzogen, die das *äußere* Sonnenlicht nicht durchdrang.

Diese priesterlichen Eingeweihten der Kelten mussten von dem Geheimnis des sich immer mehr der Erde nähernden hohen Sonnenwesens gewusst haben. Und als dieses Wesen *Mensch* geworden war, durch den Tod gegangen war und schließlich fern im Osten für die seelisch-geistige Wahrnehmung der Jünger entschwand – was man später als „Himmelfahrt" bezeichnete –, da verband sich dieses Sonnenwesen als der Auferstandene mit der ganzen Erde, durchdrang die Elemente, die Atmosphäre. Und im fernen Nordwesten schauten die keltischen Druidenpriester, die tief in das Wesen und Weben der Elemente eingeweiht waren, *in* diesem Weben nun das Wesen des Auferstandenen!

Die ganze Erde war erneuert, das Sonnen-Liebes-Wesen hatte den Leib der Erde zu *Seinem* Leib erkoren, war überall, in Wolken, Luft und Wasser, im Licht, im kleinsten Halm auf Erden – Christus, der Herr der Elemente!

Und so wurden die Kelten christlich – wie Saulus. Und sie brachten *dieses* Christentum nach Europa. Ganzen Regionen brachten die irischen Mönche ein leuchtendes, kosmisches Christentum, ohne alle Gewalt, nur durch das eigene Christ-Sein und Wirken aus diesem heraus – bevor dann vom Süden her die römische Mission herankam, auf dieses schon bestehende Christentum stieß und alles daran setzte, es *römisch* zu machen...

Im 9. Jahrhundert gingen die letzten Reste des irischen Christentums unter und verschwanden. Ein anderes Christentum, das sich mit der weltlichen Macht verbunden hatte, hatte gesiegt.

*

Wenn man alles dieses zu erleben versucht, nachdem man zuvor versucht hat, sich von allen festen Vorstellungen zu befreien, kann der *Zweifel* wirklich allen Boden unter den Füßen verlieren.

Natürlich kann er sich schon kurz darauf durchaus wieder sehr stark geltend machen, dieser Zweifel, so schnell gibt er den Menschen nicht auf... Doch man kann gerade in diesem Ringen, das sich auf dem Schauplatz der Seele abspielt, wiederum manches erleben. Wenden wir uns nun also dieser Gegenkraft des Glaubens und Wissens zu... Was hat es mit dem *Zweifel* auf sich?

Wenn wir uns in den Zweifel vertiefen und versuchen, ihn und sein Wesen innerlich zu erleben, können wir empfinden, wie der Zweifel sehr stark im Kopf verankert ist. Er hat nichts von Gefühl – er wirkt im Gegenteil gerade so, dass er dasjenige beiseite drängt, was die allertiefsten Gefühle geben könnte...

Auf der einen Seite der Seele lebt die Unbefangenheit, die Sehnsucht nach einer zarten Reinheit, einer Befreiung von allen Vorurteilen, der Wille zu einer Hinwendung zu dem, was sich als Wahrheit der Seele nähert, sich ihr zeigt, immer wieder anders erlebbar wird, offensichtlich wird, vielleicht längst ein wissender Glaube geworden ist... Doch sobald sich der Intellekt geltend macht, bringt er den Zweifel mit – und sie beide vertreiben das zarte Erleben, das sichere Wissen...

Wir erleben hier Grundkräfte, die in der Seele wirksam sind – und wir erleben ihr Verhältnis zueinander. Auf der einen Seite: Empfindung, Erkenntnis, reines Erkennen, heiligste Gefühle, und weiter ... ein neues seelisch-geistiges Leben, Wille zur Hingabe an das Erkannte, zur Läuterung... Alles, was mit der Empfindung der Geburt eines *neuen*, eines geistigen Menschen zu tun hat. – Und auf der anderen Seite: Intellekt, Zweifel, Verneinen alles dessen, Auslöschen all dieser Empfindungen und Erkenntnisse. Die unmittelbare *Gegenwirkung*. Eigentlich ein Nichts, etwas Negatives, nur ein Nicht-Anerkennen – und doch so machtvoll, dass das Andere, das doch so reich, so tief, so lebens-zukunfts-tragend ist, dagegen nicht bestehen kann, *noch* nicht...

Wenn wir aber durch alles Vorangegangene zu dem tief eindrücklichen Erlebnis gekommen sind, dass wir die eine Kraft gar nicht mehr anders denken können und wollen, als sie wesenhaft zu denken – wenn eigentlich alles andere *weniger* erklärt, weniger mit unseren Erfahrungen und Besinnungen übereinstimmt –, dann stellt sich die Frage: Was ist diese *andere* Kraft? Was ist dieser „Geist, der stets verneint..."?

Hat dieses Auslöschende des Zweifels, dieses Abstrakte, Kopfige, Gefühllose des Intellekts nur damit zu tun, dass wir mit dem physischen Leib, mit dem Gehirn denken? Und ist das *andere* Erleben, das die übersinnliche Realität spürt, erkennt, dadurch möglich, dass sich der Mensch hier im Erkennen und Empfinden von seinem physischen Leib bzw. seinen Wirkungen löst? Oder wirkt hier noch etwas anderes?

Fest steht Eines, was unmittelbar erlebbar wird: Das kopfige, gefühls-tote Zweifeldenken ist nicht in der Lage, jene geistig webende, lebendige Wahrheit und jene heilige Sphäre zu erfassen – und es ist geradezu die *Gegenkraft* dieser Sphäre.

Wir könnten dies zunächst als Erkenntnis so stehenlassen und darüber weiter nachsinnen. Doch wenn wir dies lange genug getan hätten, würde sich wohl schließlich eine weitere Frage aufdrängen. Falls sie nicht von selbst aufsteigt, können wir sie uns stellen:

Wenn das Eine so gewiss und sicher als wesenhaft erlebt und gedacht werden kann, immer mehr, als eine umfassende Liebes-Geistes-Sphäre, die *ein Wesen* ist ... muss dann nicht auch in der Gegenkraft Wesenhaftes gedacht werden? Kann nicht auch in der Gegenkraft Wesenhaftes *erlebt* werden? Ein Wesen, das mit Unterstützung des Physischen bewirkt, dass das Andere, das Lebendig-Geistige, zurückgedrängt wird? So erfolgreich, dass es nicht mehr empfunden wird, nicht mehr gedacht werden kann ... dass Gefühlsarmut und Zweifel das eben noch Dagewesene vollständig „unmöglich" machen, indem sie in voller Stärke *sich* an dessen Stelle setzen?

Diese Frage muss jeder selbst für sich zu beantworten versuchen. Das vielleicht Wichtigste ist, Fragen dieser Art überhaupt fortwährend *offenzuhalten*, innerlich immer wieder neu zu stellen, sie nicht wieder in die Vergessenheit, die Nicht-Aufmerksamkeit hinabgleiten zu lassen. Denn da beantworten sie sich nicht – da bleiben sie *un*beantwortet, während man sehr schnell meinen kann, Fragen, die man nicht mehr spürt, nicht mehr erlebt und sich stellt, *seien* beantwortet, seien „klar", existierten gar nicht... Für das Bewusstsein existieren diese Fragen dann tatsächlich nicht mehr, aber real sind sie noch immer offen...

*

Halten wir diese Fragen fest und wenden wir uns jetzt einem anderen Bereich der menschlichen Erfahrung zu: den verschiedenen Gefühlsregungen, und nun vor allem den *negativen* Gefühlen.

Mit diesen Gefühlen kehren wir ebenfalls wieder in den Bereich menschlich-allzumenschlicher „Normalität" zurück, entfernen uns von der reinen, ja heiligen Sphäre, in die wir uns zuvor vertieft hatten – entfernen uns von der Wirklichkeit des *Guten*, von der Sphäre der *wesenhaften Liebe*. Dies kann man empfinden; man kann es erleben wie einen „Hinabstieg", ein Zurückkehren von etwas Hohem, Heiligem, wo Anderes keinen Platz, keinen Zugang hat, zu dem Niederen, Unheiligen, aus dem Alltag Bekannten.

Was sind negative Gefühle? Wir können an den *Ärger* denken, der sich einstellt, wenn etwas nicht nach unserem Willen geht – wenn etwas nicht gelingt; wenn jemand etwas anderes denkt, sagt oder tut, als wir es gerne hätten. Ärger kann sich steigern und verfestigen – dann wird es *Hass*. Wir können aber auch an die *Antipathie* denken, Abneigung gegen etwas, gegen einzelne Züge an einem Menschen – und dies kann schnell zu einer kaum noch differenzierten Antipathie gegen den ganzen Menschen werden. Dann gibt es außerdem zum Beispiel den *Neid*, der natürlich ebenfalls mit Antipathie verbunden ist.

All diese negativen Gefühle richten sich negativ gegen etwas, was außerhalb von uns ist. Wie entstehen solche Gefühle? Auch dies kann in einer Selbstbesinnung vertieft erlebbar werden. Was genau geschieht? Im Gefühlsleben entsteht eine negative Färbung, eine negative Kraft, weil in der Außenwelt etwas ist – vorhanden oder passiert ist –, das nicht mit dem übereinstimmt, was wir uns wünschen, erwarten, verlangen. Wir sind das Zentrum, der Maßstab dieses Geschehens, und was diesem Maßstab widerspricht, das erweckt antipathische, negative Gefühle.

Aber wer ist der *Akteur* in diesem Geschehen? Wer bringt diese Gefühle *hervor*? Das ist eine entscheidende Frage – entscheidend allein schon für die Frage nach der Freiheit des Menschen, aber auch nach dem Wesen des Menschen und der menschlichen Seele.

Die Sprache kann hier bereits sehr irreführend sein und von den notwendigen Fragen ablenken. Wenn etwas negative Gefühle „auslöst" oder „weckt", scheint dieses Etwas die Ursache und auch, noch konkreter, das aktive Element zu sein.

Selbst wenn wir diesem Etwas nicht die strenge Rolle des verursachenden Akteurs, der aktiven Ursache zusprechen wollen, wird das ganze Geschehen oft als eine Art unvermeidlicher, normaler psychischer *Mechanismus* betrachtet und hingenommen. Zwar spürt man auch den eigenen Anteil der inneren „Seelenprozesse", und doch scheint es trotzdem eine Art kaum zu beeinflussendes Ursache-Wirkungs-Gefüge zu sein. Dann steht man eigentlich auf dem Standpunkt, der etwa lauten könnte: Die Seele *hat* solche Gefühle eben, wenn ihr das und das begegnet.

Nun müssen wir genau unterscheiden und sehr sorgfältig vorgehen. Es kann sein, dass wir das genaue Geschehen nicht durchschauen – oder dass wir es nicht durchschauen *wollen*, dass wir es uns bequem machen wollen und bei dem bleiben wollen, was wir mehr oberflächlich erleben oder auch uns selbst einreden. Wenn wir dies wirklich überwinden können und uns sorgfältig fragen, wie das Geschehen wirklich ist, können wir es immer deutlicher erleben.

Indem wir selbstlos, das heißt, wirklich unbefangen und mit innerer Wahrhaftigkeit, die inneren Seelenvorgänge beobachten, werden wir Folgendes finden.

Wir müssten die menschliche Freiheit im Gefühl, im Fühlen, vollständig *leugnen*, wenn wir auf dem Standpunkt beharren würden, dass wir für unser Fühlen nicht verantwortlich sein könnten. Menschliche Freiheit würde im Fühlen nicht *existieren*, wenn es unmöglich wäre, auf sein Gefühl zu wirken, wenn es vollkommen von dem determiniert wäre, was der Seele begegnet und wie sie dann eben – fühlt. Dann wäre das Äußere tatsächlich die allmächtig wirkende Ursache und die Seelenregung eigentlich nur eine Fortsetzung der Außenwelt in das Innere des Menschen hinein. Die Gefühle, die ein Mensch hätte, wären dann eben gerade *nicht* „seine" Gefühle, sondern das, was eine äußere Ursache als Wirkung verursacht – zwar in der menschlichen Seele, aber ebenso notwendig, wie ein Stein zu Boden fällt.

Nun sagt der Mensch aber, *er* habe Gefühle, es seien *seine* Gefühle. Und merkwürdigerweise tut man dies gerade auch bei negativen Gefühlen des Ärgers oder der Antipathie. Man argumentiert, fühlt und erlebt dann etwa folgendermaßen: Der Andere *macht* mich ärgerlich, aber mein Ärger ist völlig berechtigt, denn was der Andere getan hat, war schlimm und „unmöglich". – Aber was ist nun richtig? Hat der Andere mich ärgerlich *gemacht*, oder habe *ich* mich über das Verhalten des Anderen geärgert?

Mit den üblichen Formulierungen schlägt man zwei Fliegen mit einer Klappe: Es sieht einerseits so aus, als sei der Ärger ganz objektiv völlig berechtigt, als „müsse" sich ein Mensch über ein solches Verhalten einfach ärgern, zweitens soll es aber der freie, eigene Ärger sein, das bewusste freie Äußern des eigenen Unwillens, ein freies, selbstständiges Urteil darüber, dass das Verhalten des anderen „unmöglich" ist. Und doch weist man alle Verantwortung ab: Der Andere *macht* mich ärgerlich.

Hier sind wirkliche Widersprüchlichkeiten miteinander vereint. Einerseits erhebe ich mich mit meinem Urteil und Ärger über den

Anderen, andererseits verschleiere ich meine eigene Rolle darin, indem ich den Freiheitsaspekt sprachlich gerade unsichtbar mache. Dadurch klingt es wie eine Naturnotwendigkeit – wodurch der Andere erst recht wie automatisch als „schuldig" dasteht. „So ein Verhalten macht nun einmal ärgerlich – das würde jedem so gehen."

Nun, wenn das so wäre, dann wäre die Freiheit ausgelöscht. Man würde wie ein Automat ärgerlich werden. Wenn das der Preis für die Unangreifbarkeit des eigenen Ärgers ist, dann sollte man als *Mensch* doch lieber das Risiko eingehen, Verantwortung für seine Gefühle zu übernehmen...

Die Sätze klingen so ungeheuer ähnlich: „Dein Verhalten macht mich ärgerlich." Und „Ich habe mich über dich geärgert". Doch klar unterschieden könnten die Alternativen etwa so lauten: „Dein Verhalten löst einfach ganz objektiv Ärger aus!" oder aber: „Ich habe beschlossen, dein Verhalten nicht gut zu finden und darüber Ärger zu empfinden."

Wer ist nun der Akteur? Der Mensch ist überhaupt nur in dem Maße *frei*, wie er sich selbst bestimmen kann. Freiheit existiert da nicht, wo man die Verantwortung für die eigenen Gefühle der Außenwelt zuschiebt. Frei im Fühlen ist der Mensch da, wo er selbst fühlen kann, was er fühlen *will*.[5]

Der Mensch, der seine Gefühle einfach nur „hat", ist – fremdbestimmt. Die äußere Welt bestimmt *ihn*, und auch die Gefühle haben eigentlich *ihn*, nicht umgekehrt. Das nimmt man nur sehr ungern zur Kenntnis, denn man identifiziert sich nun einmal mit „seinen" Gefühlen – und ist nicht bereit, das Bewusstsein der Freiheit aufzugeben, selbst dann nicht, wenn die Tatsachen dagegen sprechen...
Ein Eindruck der Außenwelt „erweckt" in uns Ärger – aber der Ärger wird dann sofort zum inneren „Eigentum" erklärt, zu *unserem* Ärger. Die eigenen Gefühle werden gehegt und gepflegt,

---

[5] Dass es durchaus auch *objektive* Gefühle geben kann, müssen wir hier zunächst außer Betracht lassen, weil wir noch keinerlei wirkliche Unterscheidungsgrundlage haben. In Bezug auf die Sinneswahrnehmung – etwa die Wahrnehmung von Farben – haben wir uns in diese Frage aber bereits vertieft.

selbst da, wo man sie sogar selbst gleichsam zu einer Naturnotwendigkeit erklärt, aber nur deshalb, um dem Anderen noch zweifelsfreier die Schuld geben, die Schlechtigkeit seines Verhaltens beweisen zu können...

*

Betrachten wir einmal die Gefühle noch mehr als Phänomen an sich.

Der Mensch kann negative Gefühle haben bzw. sie können ihn haben. Angenehm sind diese Gefühle nicht – selbst wenn es angenehm sein kann, sich über etwas Negatives in der Außenwelt zumindest „aufregen" zu können, seinen Ärger „abreagieren" zu können. Aber selbst dafür muss der Ärger ja schon *da* sein. Wenn wir uns über etwas (scheinbar oder wirklich) Negatives gar nicht ärgern *müssten*, so gäbe es ja gar keinen sich aufstauenden Ärger, dem man Luft machen müsste. Negative Gefühle sind negativ – aber wir können ihr Entstehen in uns zunächst oft nicht verhindern. Das ist der Sachverhalt. – Im Menschen lebt also fortwährend die Möglichkeit, dass er in seiner Seele negative Gefühle empfindet. Was hat dies eigentlich für einen Sinn? Woher kommt dies?

Wenn man die Dinge einfach so hinnimmt und sich hier nicht vor ein Rätsel gestellt sieht; wenn man den Menschen einfach so nimmt, wie er sich darstellt, dann ist es nicht möglich, so zu fragen. Aber auch diese Frage *stellt* sich doch ganz objektiv, egal ob man sie sieht oder nicht. Schon Aristoteles sagte, Philosophie beginnt mit dem Erstaunen. Da, wo man keine Fragen hat, sieht man die Fragen entweder noch nicht oder aber nicht mehr, weil man schon mit Urteilen und scheinbaren „Antworten" darüber lebt, die einem aber oft gar nicht mehr bewusst sind.

Wie kommt es, dass man überhaupt negative Gefühle haben *kann*?

Wir haben gesehen, dass die höchsten Gefühle des *Guten*, die sich ganz dem Anderen zuwenden, als innig verwandt mit einem Wesenhaften erlebt werden können, das dieses Gute seinem Wesen nach *ist*. Man kann hier zu dem Erleben kommen: Wenn es dieses Liebes-Wesen nicht gäbe, so könnte der Mensch diese Empfindungen gar nicht haben, die Möglichkeit zu diesen Empfindungen ist diesem Wesen zu verdanken – und also im Grunde auch ihre Wirklichkeit... Mit jeder Empfindung wirklicher Liebe, die ich habe, hegen darf, habe ich Anteil an jenem Wesen, dem ich dies gleichzeitig verdanke. Man verdankt diesem Wesen gleichsam die Möglichkeit und auch die „Substanz" der Empfindungen der Liebe.

Kann man so empfinden, dann vermag man auch das, was man als inneres Seelenleben überhaupt erlebt, und all das, wonach man streben will, zugleich als ein Geschenk der göttlichen Welt zu empfinden.

Die Freiheit des Menschen wird dadurch nicht beeinträchtigt – im Gegenteil, sie wird in höherem Maße überhaupt ermöglicht. Denn das Innerste des Menschen kann im eigenen *Streben* die volle Freiheit finden. Die Richtung des eigenen Strebens ist in die volle Freiheit des Menschen gegeben – er selbst soll und muss sich die Richtung geben! Und doch kann man im Streben nach dem, was man als Höchstes erkennt, nach dem Wahren, dem Schönen und dem Guten, gerade die Verwirklichung des Menschseins im tiefsten Sinne empfinden.

Man kann empfinden, wie man gerade dadurch sein Menschsein immer mehr *verwirklicht* – und wie die Tatsache, dass dies *möglich* ist, dass man an der Verwirklichung dieses Menschseins arbeiten darf, dass man selbst diese Entwicklung in die Hand nehmen darf (und muss), eigentlich die größte Gnade ist. Dem Menschen ist das Menschsein gerade dadurch geschenkt, dass er die Aufgabe geschenkt bekam, Mensch zu *werden*. Das gerade macht sein Menschsein aus – dass er nicht fertig ist.

Die Gefühle und Willensimpulse des Guten, die sich vertiefenden Empfindungen des Schönen, nach denen man streben darf, kann man also als ein Geschenk der göttlichen Welt betrachten. Und so wird man eigentlich umhüllt und getragen von der göttlichen Welt Mensch – und dennoch im ureigenen Streben.

Dieses Streben ist um so eigener, ureigen, als der heutige Mensch die göttliche Welt zunächst ja völlig verloren hat! Nichts leuchtet an Göttlichem in der Außenwelt, nichts im Inneren. *Gefunden* werden muss diese göttliche Welt erst wieder. Dies gerade ist ebenfalls die ganz freie Tat des Menschen! Unendliche Hindernisse müssen ja erst wiederum beiseite geräumt werden, um dieses Hohe und Heilige von neuem als verbunden mit der göttlichen Welt, hervorgehend aus einer göttlichen Welt zu erkennen, zu empfinden. Und Hindernisse auch, um dieses Heilige überhaupt erstreben zu wollen...

Auf der einen Seite steht also dieses Hohe und Heilige als Offenbarung und als „Substanz" der göttlichen Welt – dem sich das „heilige" Streben des Menschen in voller Freiheit zuwenden kann, während er gerade dadurch seinem wahren Menschentum immer mehr entgegengeht. Was aber steht nun auf der anderen Seite?

Die negativen Gefühle haben uns ihren Sinn noch immer nicht offenbart. Doch wenn wir uns auf sie besinnen, so kann zumindest deutlich werden, dass der Mensch sich durch sie von der Außenwelt distanziert, in einen Gegensatz zu dieser tritt. Negative Gefühle werfen den Menschen auf sich selbst zurück, die Außenwelt empfindet er in einem Gegensatz zu sich selbst, zu dem, was er gerne will.

Man stelle sich einmal für einen Moment vor, dass es keine negativen Gefühle gäbe. Man versuche sich einmal hineinzufühlen, in was für einer Situation der Mensch dann wäre, was für ein Lebensgefühl, was für eine Verbindung zur Welt er dann hätte. Könnte er je ein so deutliches, ausgeprägtes Bewusstsein seiner selbst entwickeln, wenn er nicht immer wieder derart stark auf sich selbst *zurückgeworfen* würde?

Mit jeder negativen Empfindung stößt die Außenwelt den Menschen gleichsam ab, stößt ihn in sich selbst zurück. Jedes Mal entsteht gleichsam ein „Schock" im Bewusstsein, dessen Inhalt ist: Die Welt ist nicht wie ich... Kein harmonisches Verbundensein, sondern Abstoßung, Trennung – aber dadurch auch: Ichwerdung, Aufwachen für das Ich. *Aufwachen.* Immer wieder...

Menschheitsgeschichtlich *ist* der Mensch nun inzwischen längst erwacht – im Laufe eines langen Prozesses der menschlichen Bewusstseinsgeschichte. Heute ist der Mensch ganz objektiv in die Einsamkeit hineingestoßen. Ich und Welt *sind* nun wirklich wie durch einen Abgrund getrennt. Und alle negativen Empfindungen vertiefen den Abgrund, reißen ihn jedes Mal wieder von neuem auf. Und doch können wir hier eine bewusstseinsgeschichtliche Notwendigkeit erleben, eine wirkliche „Mission" des Negativen. Die Möglichkeit und das reale Auftreten negativer Empfindungen konnte, sollte dazu beitragen, dass der Mensch zu sich selbst erwacht.

Auch dies können wir immer tiefer, immer realer empfinden lernen. Damit könnte auch dieses „Negative" eine Gabe der guten göttlichen Welt sein. – Wir werden uns diesen Fragen etwas später wieder zuwenden.

*

Zunächst wollen wir uns einmal in die herkömmlichen Anschauungen vertiefen. Hat die heutige „wissenschaftliche" Weltanschauung irgendeine wirkliche Erklärung für die Gefühle?

Nun, es gibt heute längst nicht mehr die *eine* wissenschaftliche Weltanschauung. Wissenschaft hat sich längst aufgelöst in eine Vielzahl nicht nur von Fachgebieten und Unterfachgebieten, sondern auch von Anschauungen, Meinungen, Forschungsergebnissen, Thesen, Vermutungen, Schulen und Strömungen. Allein schon dies kann den Glauben an eine einheitliche, im herkömmlichen Sinne „wissenschaftliche" Welterklärung sehr bescheiden werden lassen...

Die Widersprüchlichkeit der unterschiedlichsten Erklärungsansätze der Erscheinungen unserer Welt wird nur dadurch überdeckt, dass man selbstverständlich nie die volle Vielfalt dieser Ansätze überschaut – und vor allem dadurch, dass „die Wissenschaft" als Methode noch immer eine ungeheure Autorität genießt. Nach wie vor hat man das Vertrauen, dass Wissenschaft die Welt erklären kann und auch wirklich erklärt. – Das Problem aber bleibt: Die Erklärungen dieser Wissenschaft widersprechen sich oft in höchstem Maße. Die Wissenschaft „besteht" aus unterschiedlichen Wissenschaftlern, die höchst verschiedene Ansichten und „Erklärungen" haben, um nicht zu sagen: anbieten.

Warum genießt „die Wissenschaft" dann ein solches Vertrauen? Weil es etwas gibt, dem man vertrauen kann, können muss, wenn man überhaupt *irgendein* Vertrauen haben soll. Und dieses Etwas ist das *Denken*.

Wissenschaft hat eigentlich – eigentlich! – die Aufgabe, vollkommen vorurteilsfrei und unbefangen zu beobachten, wahrzunehmen, und dann diese Beobachtungen mit dem Denken zu durchdringen, zu ordnen, zu verstehen... Das Denken soll sein Licht auf die Wahrnehmung werfen, damit sich das Wahrgenommene aussprechen kann, seinen tieferen Sinn, seinen Zusammenhang offenbart.

Die Ergebnisse einer *solchen* Wissenschaft dürften sich eigentlich nicht widersprechen. Zumindest müsste der Wissenschaftler innerlich genau beobachten, wo er mit seinem Denken die Zusammenhänge erfasst, wo er also wirklich das Wesen der Dinge *erkennt* – und wo er andererseits mit seinem Denken in einer spekulativen Sphäre verbleibt, die nicht wirklich an das Wesen der Dinge herandringt. Diese wäre dann das große Feld der Spekulation, der Vermutungen, der Thesen, des Unfertigen, eigentlich des Vor-Wissenschaftlichen. Spekulation wäre allenfalls Vorarbeit, Prolegomenon zu einem *wirklichen* Eindringen in das Wesen der Dinge – aber vielleicht auch Hindernis für dieses...

Doch die heutige Wissenschaft geht ja so überhaupt nicht vor, sie beginnt ja bereits immer schon mit Thesen, Hypothesen, die eigentlich auch das Endergebnis der Forschung sind: bewiesene Hypothesen, bewiesen so lange, bis eine andere Hypothese mehr Beweiskraft entwickelt.

Einen Begriff vom Wesen der Dinge hat die heutige Wissenschaft ja gar nicht. Es soll eigentlich weniger *erkannt* als vielmehr „erklärt" oder auch gedeutet werden.

Jede Erkenntnis der heutigen Wissenschaft bleibt äußerlich – man erkennt die äußeren Zusammenhänge, die kausalen Wechselwirkungen und so weiter, aber die *Bedeutung* der Dinge und das *Wesen* der Dinge bleiben unerkannt – weil man diese Frage gar nicht mehr stellt. Die Wissenschaft hat darauf verzichtet, so zu fragen. Es ist eigentlich eine Erkenntnis-Resignation. Man beschränkt sich auf die äußere Erkenntnis; auf die Erkenntnis der Zusammenhänge der Einzelheiten, bis ins Kleinste, aber gerade dadurch geht der Zusammenhang, der das *Ganze* ist, verloren. Es ist, als ob das Wesen der Dinge und ihre tiefere Bedeutung gar nicht existierten...

*

Der heutige Wissenschaftler kann einem als Physiker genau sagen, welche Wellenlängen die Farbe Gelb umfasst – aber dass das Licht Wellencharakter habe, ist bereits eine Theorie, zugleich auch ein mathematisches Modell, was ist damit eigentlich gesagt? Hat es für den *Menschen* irgendeine Bedeutung, wenn er im Lichte der warmen Herbstsonne steht und die Offenbarungen dieses Herbstlichtes erlebt, dass Gelb „diese und jene Wellenlänge hat"? Nicht die geringste Bedeutung hat dies! Nicht das Geringste sagt es über das Wesen des Gelb aus! Wenn man aber den Physiker nach dem Wesen des Gelb fragen würde, dann würde er einen möglicherweise verständnislos anschauen, den Sinn der Frage gar nicht begreifen...

Aber wie kommt es zum Beispiel, dass uns das Gelb so *warm* erscheint? Wie kommt es, dass dann zum Beispiel eine Landschaft, in der auf den Feldern das Korn reift, in der die milde Herbstsonne durch die sich färbenden Blätter hindurchleuchtet, in der alles wie von einem milden Licht durchstrahlt scheint – und auch tatsächlich durchstrahlt *ist* –, so unendlich tief auf uns wirken kann, dass man das Gefühl bekommt, wie wenn die ganze Welt von einer milden, geradezu gnadevollen, auch innerlich, „seelisch" leuchtenden Wärme durchströmt ist?

Das, was wir als „warme Farben" bezeichnen, hat eine objektive, seelische Wärme-Wirksamkeit – jede Farbe ganz und gar spezifisch, mit völlig anderen Qualitäten. Der Mensch kann diese Qualitäten *empfinden* – doch der Wissenschaftler hat dafür keine Erklärung. Gerade das, was er eigentlich erreichen will, was das Ziel seiner Bemühungen ist, hat er hier nicht – eine Erklärung. Er kann nicht sagen, *warum* das Gelb warm wirkt...

Vielleicht kann er nicht einmal sagen, *dass* es so ist. Denn es kann sein, dass seine eigenen Theorien sich vor sein unbefangenes Empfinden schieben und sich die eigenen Theorien über das Fühlen legen, so dass er vielleicht sogar sagen wird: Warum warm? Die Farben sehen doch alle gleich aus? Nun – seine eigene Seele wird ihn vielleicht doch schnell wieder korrigieren. Denn spätestens dann, wenn er in zwei ganz verschiedene Zimmer geht, eines in „warmen" und eines in „kalten" Farben, wird er den Unterschied wahrscheinlich doch deutlich bemerken.

Ein heutiger Wissenschaftler fragt nicht nach dem Wesen der Dinge – er fragt nicht nach dem Wesen des Gelb. Und er hat keine Erklärung dafür, dass das Gelb *warm* erscheint. Aber vielleicht bräuchte er diese auch gar nicht. Goethe, dieser wunderbare Naturforscher, der dem Wesen der Dinge näherkommen wollte, sagte: „Man suche nur nichts hinter den Phänomenen; sie selbst sind die Lehre." Das heißt: Eine Theorie ist gar nicht nötig, man lasse die Dinge sich selbst aussprechen! Jede Theorie führt von diesem Wesen der Dinge ab!

Wenn wir also das Gelb als „warm" empfinden – und zwar beim Gelb ein sehr *spezifisches* seelisches Wärmeempfinden haben –, so gehört genau diese spezifische Qualität zum Wesen des Gelb. Es *braucht* keine Erklärung – und schon ohne Erklärung sind wir unendlich viel weiter als der Wissenschaftler, der unendlich komplizierte „Erklärungen" über das Wellenlängenspektrum des Gelb geben kann, aber kaum noch fähig ist, die *Qualität* des Gelb zu *erleben*!

Wenn wir uns in uns selbst vertiefen, wenn wir erleben, welche Qualität das Gelb entfaltet – sobald es in unserer Seele wirken darf, diese Qualität entfalten darf –, so lernen wir unmittelbar das Wesen des Gelb kennen. Erst dann! Und was wollen wir noch mehr?

Natürlich kann es uns interessieren, wie das Gelb in den Blütenblättern, in reifen Früchten usw. zustande kommt, welche Farbstoffe es darin gibt, wie ihre Molekülstruktur ist und so weiter. Aber gibt uns dies irgendein einziges Wissen über die *Wirksamkeit* des Gelb in unserer Seele? Dieses Einzige, was für den ganzen, den voll-wirklichen Menschen eine Bedeutung hat, steht eigentlich ganz außerhalb des Gebietes der heutigen Wissenschaft.

*

All dies können wir lernen, tiefer zu empfinden – und dann wiederum den Anschauungen der heutigen Wissenschaft über die Gefühle gegenübertreten.

Wie gesagt, gibt es hier keine einheitliche „Schule" und Lehre – auch und erst recht nicht für das Gebiet der menschlichen Seele. Sehr oft aber wird schon diese Seele an sich geleugnet. Es wird bestritten, dass der Mensch so etwas wie eine Seele habe. Was aber dann? Auch darüber legt man sich oft nicht wirklich klare Rechenschaft ab. Auch da hört man nicht selten einfach auf, zu *fragen*, ohne zu bemerken, dass die Fragen ja *bleiben*...

Die ganz reduktionistisch-materialistischen Strömungen betrachten den Menschen wie auch alle anderen Lebewesen als völlig determinierte Erscheinungen, denen vor allem Physik, Chemie und Biochemie zugrunde liegen. „Gefühle" sind dann etwas, was man am liebsten als Erscheinung gar nicht hätte, weil sie bisweilen so schwer zu erklären sind, aber da es sie nun einmal gibt, sind sie natürlich in jeder Hinsicht nur Folge hormonaler Spiegelschwankungen im Blut, die wiederum auf das Gehirn wirken, wo dieses Phänomen wie alles andere, was der Mensch im weitesten Sinne sein „Bewusstsein" nennt, entsteht.

Einem solchen reduktionistischen Wissenschaftler fällt nicht mehr auf, dass Tiere nicht in demselben Sinne Gefühle haben wie der Mensch. Körperlichen Schmerz verspüren zwar auch Tiere, und wenn Raubtiere sich streiten, könnte der Eindruck von „Neid" entstehen, wie auch äußerlich das Bild von „Liebe" entstehen mag, wenn man Vögel ihre Jungen füttern sieht. Doch gerade dieser Wissenschaftler weiß ja, dass bei Tieren all dies auf Instinkt beruht – es sind instinkthafte Verhaltensweisen, denen keine Gefühle zugrunde liegen, die sich in einer *Seele* offenbaren.[6]

Die Frage ist, wie dieser Wissenschaftler seine *eigenen* Gefühle der Zuneigung etwa zu einem kleinen Kind – nicht dem eigenen! – erklären würde. Oder ein Gefühl inniger Dankbarkeit – unter welchen Umständen auch immer. Es gibt doch kein „Dankbarkeitshormon"? Dies sind doch wirklich *seelische* Geschehnisse, die nicht von körperlichen Prozessen determiniert werden? Dies zeigt sich schon daran, dass man so etwas wie Dankbarkeit überhaupt *empfinden* können muss – viele Menschen *verlieren* solche Gefühle in der heutigen Zeit. Sie verlieren nicht ihren Körper, nicht ihre Hormone, sondern ihr seelisches Empfindungsvermögen, diejenige seelische Innerlichkeit, die etwas rein Menschliches ist.

Wie betrachten weniger reduktionistische Wissenschaftsströmungen diese Realitäten? Nehmen wir die heutige Psychologie in denjenigen Strömungen, die ein sehr humanistisches Menschenbild haben. Hier wird der Mensch *nicht* auf molekulare Mechanismen und Kausalitäten reduziert, sondern als Mensch und als Individuum ernst genommen. Diese psychologischen Schulen kennen die einzelnen Erscheinungen der menschlichen Seele, kennen auch seelische (Ursachen-)Zusammenhänge, die ein tieferes Verständnis der menschlichen Empfindungen und Reaktionen ermöglichen.

---

[6] Eine Besonderheit sind dann Tiere, die mit dem Menschen zusammenleben. Hier kann es zu außergewöhnlichen Erscheinungen kommen, die aber bereits nicht mehr unabhängig vom Menschen sind. Die Tiere gewinnen Anteil an der Sphäre des Menschlichen – wie sollte dies ohne Folgen bleiben? Ein Tier, das innig mit Menschen zusammenlebt, ist bereits nicht mehr ganz nur Tier. Der Bereich des Menschlichen umfasst zu viele hohe Geheimnisse, als dass man vorschnell meinen sollte, Tiere hätten in ähnlicher Weise „Gefühle" wie der Mensch. Um der Wahrheit willen sollte man diese Fragen so offen wie möglich lassen, bis sie sich wirklich beantworten...

Das Seelische wird hier als ein ganz eigener Bereich betrachtet: es ist die Welt des Psychischen. Diese Welt hat ganz *eigene* Gesetze.

In der modernen Psychologie kennt man zum Beispiel die sogenannte „Bedürfnispyramide". Der Mensch hat bestimmte Bedürfnisse, die erfüllt sein müssen, um sich wohl zu fühlen. Dazu gehören die körperlichen Bedürfnisse wie z.b. Nahrung und Wärme, aber auch seelische Bedürfnisse wie Sicherheit, Zugehörigkeit und Anerkennung. Doch die Beschreibung dieser Bedürfnisse ist noch weit umfassender. Genannt werden auch das Bedürfnis nach Erfolg, nach Unabhängigkeit und Freiheit, nach Selbstverwirklichung und nach – Transzendenz.

Diese moderne Richtung der Psychologie kennt also im Grunde sogar die tiefsten, spirituellen Bedürfnisse des Menschen, die geradezu den Gegenpol der *körperlichen* Bedürfnisse bilden. Damit hätte die Psychologie – sofern sie sich und ihre eigenen Lehren ernst nimmt –, den Menschen eindeutig als körperliches *und* seelisch-geistiges Wesen erkannt, denn die beschriebenen Bedürfnisse beziehen sich ganz klar auf die Dreiheit von Körper, Seele und Geist. Jedoch bleibt es dann meist bei diesen Nennungen der verschiedenen Bedürfnisebenen, ohne dass man auf die ungeheuren Konsequenzen dieser Dreiheit tiefer eingehen würde.

Die moderne Psychologie behandelt den Menschen durchaus als Menschen, hat ein weitreichendes Wissen über das Feld der Seele, kennt sogar die geistig-spirituelle Dimension des Menschen – handelt aber zumeist sehr pragmatisch. Eine weltanschauliche Position wird öffentlich nicht bezogen, das Menschenbild bleibt diffus und unkonturiert, und so kann die nach wie vor reduktionistische Naturwissenschaft weiterhin das herrschende Weltbild bestimmen.

Im Grunde stehen sich Naturwissenschaft und Psychologie unvereint gegenüber. Die Psychologie erkennt seelisch-geistige Bedürfnisse und Phänomene des Menschen, die Naturwissenschaft beschäftigt sich mit chemisch-biologischen Zusammenhängen, die sie als das Wesentliche betrachtet – und so wird auch das Seelisch-Geistige noch immer sehr oft auf dieses Physische zurückgeführt...

*

Die Psychologie stellt bestimmte Phänomene also fest, aber sie bezieht keine „Stellung". Dadurch bleibt sie weiterhin außerhalb des Menschen, sie taucht nicht in die Wirklichkeit des Menschen ein. Was *bedeutet* das Bedürfnis des Menschen nach Freiheit und Selbstverwirklichung, worauf verweist es? Was bedeutet das Bedürfnis nach Transzendenz, worauf verweist es – was bedeutet all dies für ein wirkliches Bild vom Menschen? Was ist der Mensch, das Wesen des Menschen?

Wir haben gesehen, dass der Mensch in einer Spannung lebt: zwischen Gewordensein und Werden, zwischen Selbstbezug und Selbstüberwindung durch das Streben nach dem unfassbaren Wärmelicht der Liebe. Was gehört noch zu dieser Spannung?

In dem Gewordensein gibt es auch die negativen Gefühle, die wir schon betrachtet haben. Wir sahen, wie sich der Mensch durch diese in sich absondert, von der Welt trennt. Es handelt sich also um den genauen Gegensatz zu der Bewegung der Liebe. Somit sind die negativen Gefühle und die Absonderung des Menschen in Selbstbezogenheit bis hin zum Egoismus der Gegenpol zur Liebe. Ein umfassender Egoismus ist im Grunde eine dauerhafte Antipathie gegenüber der Welt: „Die Welt ist nichts, ich bin alles".

Die Psychologie führt negative Gefühle zumeist auf ein Unerfülltsein von Bedürfnissen zurück. Wenn ein Mensch zum Beispiel im dichten Gedränge Stress bis hin zu heftigem Ärger empfindet, so sind unter anderem seine Bedürfnisse nach Ruhe und Harmonie gravierend verletzt, „im Mangel". In dieser Hinsicht kann man sagen, dass negative Gefühle auf einem leidvollen seelischen „Durst" beruhen.

Doch jede Handlung hat nun auch einen moralischen Aspekt. – Wenn ein Mensch im Gedränge einen anderen Menschen, von dem er sich versehentlich angerempelt fühlt, mit einem wütenden Schimpfwort belegt, weil er selbst „mit den Nerven am Ende" ist, so ist dies aus der eigenen leiblich-seelischen Not und Stresssituation heraus sehr verständlich. Auf der anderen Seite ist ebenso deutlich, dass man dem anderen Menschen damit wirklich Unrecht tut – vielleicht tiefes Unrecht. Denn einerseits wird sich auch dieser Mensch in einer ähnlich schlimmen Situation „leidender Bedürfnisse" befinden, zum anderen kann man nicht wissen, was jenes wütende Wort in der Seele gerade dieses Menschen an Leid und Verletzung anrichtet...

All dies ist also auf der einen Seite sehr verständlich, vor dem Hintergrund der heutigen Psychologie ein sogar zu erwartendes Ereignis – und doch hat es zum einen eine moralische Komponente und zum anderen eine Freiheitskomponente. Man *muss* nicht so handeln. Denn wenn es einen psychologischen „Bedürfnismangel-Mechanismus" mit einem entsprechenden Determinismus gäbe, so müsste auch der andere Mensch ebenso reagieren. Auch dieser müsste wütend schimpfen – und aufgrund der Beschimpfungen, die nun noch viele andere Bedürfnisse verletzen, müssten wir uns entweder sehr bald „die Köpfe einschlagen" oder voreinander weglaufen...

Selbstverständlich kennen wir Eskalationen dieser Art – aber wir bezeichnen sie als „nicht vernünftig", denn wir bemerken sehr genau, dass in allen derart allzu deterministisch ablaufenden „Konfliktmustern" das wahrhaft Menschliche überrollt wird von etwas, das *unterhalb* dieser menschlichen Stufe steht. Und bis in die Sprache hinein wird dies klar erkannt. Man sagt dann, man war „nicht mehr Herr über sich selbst", man konnte *sich* nicht mehr beherrschen – das heißt, Biologie und psychische Mechanismen siegten über die Vernunft und über den *Menschen*.

Und es gibt weitere Phänomene. Es gibt einen – oben bereits angedeuteten – Verlust der Empfindungsfähigkeit. Nur die Spitze des Eisberges sind Jugendliche, die einzelne Menschen krankenhausreif schlagen und sogar dann noch zutreten, wenn jemand wehrlos am Boden liegt. Der Verlust der Empfindungsfähigkeit wird rasant begünstigt durch unzählige Erscheinungen unserer heutigen Welt – durch Computerspiele, die die Ausschaltung jeglicher Empathie voraussetzen und einüben; durch ein Wirtschaftssystem, das immer krasser auf Egoismus beruht und diesem zum Erfolg verhilft; durch eine Medienwelt, die immer mehr auf Entertainment und Selbstdarstellung, aber auch auf Unbeteiligtsein, Coolness, Action, ja Brutalität und Grausamkeit setzt. Man muss nur einmal in eine Videothek oder sogar nur eine Bahnhofsbuchhandlung gehen – und wird sehen, dass das Grausame, Unmenschliche geradezu „Hochkultur" hat. Es befindet sich auf dem Vormarsch...

Das Problem ist, dass heute nahezu nirgendwo *tiefer* gefragt wird, was es mit diesen Phänomenen auf sich hat. Sind es etwa nur Folgen bestimmter „Tendenzen", die aus irgendeinem Grunde eingesetzt haben und die sich nun verselbständigen, weil damit Geld zu machen ist? Aber auch Tendenzen müssen irgendwo *herkommen*. Und sie könnten sich nicht ausbreiten, wenn man ihnen nicht *folgen* würde.

Es gibt einen Impuls zur Grausamkeit, sonst würden entsprechende Bücher nicht geschrieben, entsprechende Filme nicht gedreht werden – und erst recht hätten sie sonst keine Hochkunjunktur! In früheren Zeiten wäre man durch ein einziges solcher „Werke" bis ins Innerste schockiert worden, hätte es entsetzt von sich gewiesen – heute verkaufen sie sich millionenfach, nimmt ihre Inhalte in seine Seele auf... Es liegt hier also ein realer Impuls vor, und dieser wird stärker...

*

Die entscheidende Frage ist nun: Gehört dies alles zum *Menschen*? Ist es menschlich zu erklären, rein menschlich? Oder stellt sich hier gerade etwas dem Menschlichen entgegen, versucht den Menschen mit aller Macht von seinem eigentlichen Wesen fernzuhalten...?

Wir haben bereits gesehen, dass im Menschen selbst widerstreitende Tendenzen möglich sind. Wenn man großen seelischen Stress empfindet, vermag man es für gewöhnlich nicht, freundlich zu sein, sondern die Gereiztheit äußert sich in aufgestauter oder offen geäußerter Antipathie. Ganz ähnlich verhält es sich bei unerfüllten körperlichen Bedürfnissen, etwa bei starkem Hunger oder starker Müdigkeit. All dies verursacht körperlichen und/oder seelischen Stress und lässt in der Seele Empfindungen von Antipathie, Aggression, Hass aufkommen.

Diese Empfindungen und Impulse widersprechen den Idealen, die unser *geistiger* Mensch hat; die unsere *Seele* dann haben kann, wenn wesentliche Bedürfnisse erfüllt sind – oder aber auch unabhängig davon ... wenn der Mensch einen intensiven Weg der Selbsterziehung gegangen ist!

Es ist niemals ein Determinismus, wie ein Mensch in einer bestimmten Situation handelt – ob er zerstörerischen, destruktiven Impulsen folgt oder nicht, ob er solche überhaupt hat oder nicht. Es gibt Menschen, die durch kleinste Geschehnisse bis zur Weißglut gereizt werden – und es gibt Menschen, die wesentlich schlimmeren Schicksalsmomenten mit großer Ruhe bzw. Bescheidenheit, ja Ergebenheit begegnen. Es geht hier sowohl um das *Wesen* eines Menschen, als auch um sein reales *Wollen* in einem bestimmten Moment.

Hier beginnt der Bereich der menschlichen Freiheit – und zunächst des *Ringens* um diese Freiheit.

Die Psychologie kennt heute das Gebiet des Seelischen durchaus weitgehend als ein eigenes Gebiet, das nicht einfach reduktionistisch auf leibliche Prozesse zurückgeführt werden kann. Doch wenn im Seelischen nur ganz *ähnliche* Mechanismen zu beobachten wären, wie sie die Wissenschaft als Ursache-Wirkung-Kausalitäten in der Physik und Chemie kennt, wäre mit dem bloßen Phänomen des Seelischen für die Frage der Freiheit noch nichts gewonnen... Erst da, wo sich der einzelne Mensch von den zunächst allgemein beobachtbaren Mechanismen auf seelischem Gebiet Schritt für Schritt *befreien* kann, erringt er sich das Gebiet der inneren Freiheit.

Dann aber steht er mehr und mehr *erkennend* zwischen den beiden Polen, in die *jeder* Mensch hineingestellt ist, ob erkennend oder nicht: die Welt der Ideen und Ideale, die Welt des Geistes, die zugleich die wirkliche Welt des Moralischen und der moralischen Intuitionen ist – und auf der anderen Seite die Welt der Leiblichkeit, der seelischen Gesetzmäßigkeiten, all jener Prozesse, die den Menschen in seinem Handeln zu determinieren drohen, ihn nicht zu einem wahrhaft individuellen, aus Freiheit handelnden Menschen werden lassen.

Man kann sich einmal auf diejenigen Momente besinnen, in denen einem das eigene Handeln hinterher *leid* tut, in denen hinterher die reine Stimme des eigenen Gewissens spricht, oder man kann auch sagen, die Stimme des eigenen höheren Ich, des eigenen wahren, reinen Strebens. Oft kann man schon *im* Handeln bemerken, dass das eigene Tun *falsch* ist, das heißt, dass man *selbst* es als falsch beurteilt, erkennt. Und nicht selten erkennt man dies sogar vorher, schon während ein Impuls zu einer sehr von Antipathie geprägten Handlung aufsteigt – und man tut die Handlung trotzdem noch...

Aber das alltägliche Handeln ist dennoch zunächst sehr in Gewohnheiten und eher geringer Bewusstheit gefangen. Oft wird man sich über sein eigenes Tun kaum Rechenschaft ablegen. Und selbst wenn man die eine oder andere Handlung bereut, wird man oft nicht die innere Kraft haben, es beim nächsten Mal anders zu machen, sondern werden die naheliegenden, verführerisch sich anbietenden Verhaltensmuster, der eigene Ärger usw. einmal mehr so stark sein, dass man sich wiederum „hinreißen" lässt, in derselben Weise zu handeln...

Entschieden anders wird dies erst, wenn man beginnt, diese Dinge entschlossen mit Bewusstheit zu durchdringen. Mit diesem Impuls, etwas zu ändern, beginnt der Pfad der *Selbsterziehung*. Dieser Impuls ist von Anfang an ein doppelter: Er enthält den Impuls zur Bewusstheit – und die Sehnsucht, etwas zu ändern. Man würde kaum den Impuls empfinden, sein eigenes Handeln mit Bewusstsein zu durchdringen, wenn man nicht den Impuls spüren würde, zu einem anderen Handeln zu kommen. Und andererseits würde man kaum den Impuls zu einer Wandlung des eigenen Verhaltens spüren, wenn einem nicht schon in irgendeiner Weise deutlich bewusst wäre, wie man im Moment handelt...

Wenn man einen solchen Impuls aus eigener Erfahrung kennt und sich in ihn vertieft, um ihn möglichst tief zu erleben, kann man immer deutlicher erleben, was hier eigentlich vorliegt. Es ist ein Impuls, zu einem *anderen* Handeln zu kommen, das mit dem übereinstimmt, was man als Ideal erkannt und zugleich frei und innerlich erwählt hat. Man hat in sich ein Erkennen des Guten – und man hat die Sehnsucht nach diesem. Man hat die Sehnsucht, sich mit dem *Guten* zu verbinden. Dies aber ist gleichbedeutend damit, das Gute in seinen eigenen Willen aufzunehmen.

Zunächst ist die Sehnsucht nach dem Guten eine Sehnsucht „nach oben" hin, zu einem wesenhaft Geistigen. Um sich jedoch nicht nur zu diesem Guten zu erheben, es nicht nur zu erkennen, sondern sich auch wirklich mit ihm zu verbinden, gibt es nur einen Weg: Es muss auch eine Bewegung „nach unten" stattfinden. Der ganze Mensch lebt mit seinen Mitmenschen hier auf Erden. Er muss das Gute bis in seinen Willen hineinführen, er muss das Gute sich *mit ihm* verbinden lassen, er muss seinen Willen dem Guten öffnen, damit dieses in ihn einströmen kann... *Im* Menschen lebt das Gute nur wahrhaft, wenn es getan werden kann.

In der wirklich spirituellen Selbsterziehung geschieht dieser Prozess voll bewusst, in der Meditation. Hier sind die beiden Bewegungen nicht getrennt, verlaufen gewissermaßen nicht nacheinander, sondern vereinen sich innig. Noch immer gibt es die beiden Aspekte dieser Bewegung, doch in jedem von ihnen lebt zugleich auch der andere. In die Sphäre des Guten kann sich der Mensch auch *erkennend* nur dann real erheben, wenn er in dieses Erkennen die Kraft seines Willens einströmen lässt. Dann wird das Denken zugleich zu einem Erleben, zu einer inneren Realität, zu einer realen Berührung des Erkannten... In dieser wesenhaften Berührung lebt schon der moralische Wille des Menschen – und hier *durchdringt* er sich immer mehr mit Moralität. Und dann kehrt der Mensch in die Welt zurück und handelt...

Immer deutlicher kann dem Menschen, der diesen Weg sucht und diesem Weg folgt, erlebbar werden, dass hier sein höheres Wesen wirksam wird und ist, sein wahres Ich. Hier wirkt der höhere, der wahre Wille des Menschen. Der Erdenmensch, wie er bis jetzt geworden ist, und das wahre Wesen der Individualität beginnen, sich zu verbinden. Und diese Verbindung geschieht im Zeichen des Geistes, der die wirkliche Heimat der Individualität ist.

Die wahre Individualität, das wahre Wesen des Menschen *lebt* im Reich des Guten, des Wahren, des Schönen – und was dem an leiblichen und seelischen Hindernissen entgegentritt, *ist nicht* die wahre Individualität...

*

So sieht sich der Mensch immer realer zwischen zwei Pole gestellt.

Der eine Pol ist der des Geistes, das Reich der Idee und der moralischen Intuitionen – ihn erlebt der Mensch immer mehr als seine wahre Heimat, die Heimat seines wahren Wesens, mit dem er sich immer mehr „identifiziert" und dem er immer stärker zustreben will. Der andere Pol ist die niedere, vorgefundene, unverwandelte Wirklichkeit des Menschen – alles, was nicht das rein Geistige ist oder die Kraft hat, dieses Reine, Geistige im Irdischen zu offenbaren: als Taten des Wahren, Schönen und Guten, als reinste, geläuterte Seelenimpulse im Denken, Fühlen und Wollen.

Dieser andere Pol ist der gewöhnliche Egoismus, die Selbstverhaftetheit, die die Seele zu einem tief selbstbezogenen Dasein führt, auch zu einem bloß irdischen Denken, Fühlen und Wollen, während die Realität des Geistes völlig „ausgeschieden" wird. Dieser andere Pol ist dasjenige, was die Seele wirklich dumpf, blind und taub für das Licht der Geistes-Realität macht – blind, taub und *widerstrebend*. Denn selbst wenn die Seele etwas vom Geistesreich zu erfassen beginnt, wird sie aus ihrem selbstbezogenen Eigensein und Eigensinn heraus einen starken Widerwillen gegen jede Läuterung empfinden. Sie *will* sich nicht dem Geist ähnlich machen, sie *will* nicht selbstlos werden...

Aber das ist nur ein Teil der Seele. Der andere Teil *will* zum Geistigen streben. Dieser Teil der Seele erkennt im Geistigen seine wahre Heimat – und erkennt in jenem Eigensinn ... die Ursünde der Gottesverneinung. Es ist genau jener Impuls, durch den sich einst Luzifer von der göttlichen Welt aussonderte. Er wollte *selbst* etwas sein, er wollte mit seinem Sein nicht den hohen, guten Mächten und den höchsten Gotteszielen dienen, sondern er wollte ein eigenes Reich errichten, seine eigenen Impulse ausleben. Diesen Impuls pflanzte er der werdenden, noch ganz geistigen Menschheit ein – und es geschah der Sturz des Menschen in die Selbstheit mit all seinen Folgen. Verfestigung, Materie, Krankheit, Tod...

Der reinste Teil der Seele, der sich immer mehr als der eigentliche Mensch heraushebt und sich seiner selbst bewusst wird, sieht sich zwischen diese beiden Seiten gestellt. Das Reich des Geistes erlebt er immer mehr als seine Heimat, nach der er immer mehr Sehnsucht empfindet. Und das Unverwandelte erlebt er immer mehr als den dunklen, zähen, widerspenstigen Boden der Geistesferne, des Geistesschlafes, des Geistestodes. Und die Seele erlebt, wie dieser Widerstand, diese Trübung fortwährend auch aus dem Leiblichen kommt, wie es das Irdisch-Leibliche ist, das die Seele im Eigensinn, im Egoismus festketten will.

Der niedere Teil der Seele kann diesen Eigensinn dann in sein „Leben" aufnehmen und ihn regelrecht „kultivieren". Aus dem Körper stammt die geistferne Gefangenschaft im Bloß-Irdischen, im Grob-Sinnlichen, aber der niedere Teil der Seele kann dadurch auch selbst immer mehr grob-sinnlich werden, immer unempfänglicher für jeden realen geistigen Impuls, immer unwilliger auch. Er lebt ein selbstzentriertes, irdisches Leben, immer ausschließlicher, immer mehr auch die letzten leisen Ahnungen des wahren Wesens der Seele vergessend.

In dem Maße nun, wie die Seele ihre eigentliche Heimat tiefer und tiefer erlebt, wird es für sie eine Realität, dass diese Welt das Reich von *Wesen* ist. Das reine Reich des Geistes, wo die Seele das Wahre, das Schöne, das Gute, alles, dem ihre Sehnsucht gilt, in seinen Ursprüngen weiß – dieses Reich wird ihr ein Reich göttlichgeistiger Wesenheiten. Das, wonach sich die Seele sehnt, sind *Offenbarungen* dieser Wesen. Das Seelen-Geistes-Wesen des Menschen ist selbst ein Wesen, es erlebt sich mehr und mehr *real* als eine Individualität, als Geistes-Wesen – wie könnte es je eine Sehnsucht nach dem Geistesreich empfinden, wenn dieses nur abstrakt ein „Gebiet von Ideen" wäre? Als *Heimat* empfindet der geistig erwachende Mensch diese Welt – und diese Heimat ist zugleich Reich hoher, höchster Wesenheiten!

Indem der Mensch tief in das Besinnen und Erleben des Mysteriums selbstloser *Liebe* eintaucht, kann er gerade hier das höchste Wesen erahnen, empfinden lernen. Doch die unendlich tiefen Zusammenhänge, die ein immer weiteres Verständnis, ein immer umfassenderes Ahnen ermöglichen, wird man nicht einmal im Ansatz alle selbst erfassen können – aber man hat die wunderbare Möglichkeit, die Mitteilungen des Geistesforschers Rudolf Steiners auf sich wirken zu lassen. Durch sie eröffnet sich wirklich eine ganze Welt von Verständnis, von immer tieferem Herantasten, Heranahnen, was wiederum in unendlichem Maße die Sehnsucht vertiefen, das innere Streben befeuern und ihm die Richtung geben kann.

*

Und wiederum der andere Pol... Das Unverwandelte, das Irdische, das Widerspenstige – auch dies erscheint der Seele immer weniger als etwas abstrakt „Zufälliges" oder als ein „Unglück", eine „Laune der Natur". Das Reich des Geistes hat für sie eine absolute Realität gewonnen, eine höhere Realität, als es die gewöhnliche Welt ist, die die Seele nicht mehr als ihre (wahre) Heimat empfindet. Damit aber gewinnt auch diese gewöhnliche Welt eine ganz neue Realität. Sie wird nun ja immer mehr in ihrem ganzen „Hindernis-Wesen" erlebt! Und so wird sie immer mehr ganz real das Reich der „Mächte der Hindernisse".

Hinter dem Bloß-Irdischen, hinter dem Sinnlichen und Leiblichen, das mit unzähligen einzelnen Wirkungen und Kräften die Seele in *seinem* Reich halten will bzw. ganz real hält, erahnt die Seele immer konkreter, immer wirklicher das Wirken von realen Mächten, die ganz direkt als Widersacher der göttlich-geistigen Welt wirken. Das ganze Wirken *ihrer* Welt ist darauf gerichtet, den Menschen nicht aufwachen zu lassen. In all den Hindernissen, in allem Hemmenden, in allem Unverwandelten und Unwilligen offenbart sich immer mehr eine bestimmte Macht mit all ihren Hilfsmächten... Früher trug diese das Licht des Menschen verfinsternde Macht einen bestimmten Namen: „der Fürst dieser Welt".

Auch diese Ahnungen werden erst konkret möglich bzw. erfahren eine unendliche Vertiefung, wenn man sich den unerschöpflichen Ausführungen der Anthroposophie Rudolf Steiners zuwendet, um durch sie zu einem immer weitreichenderen Verstehen zu kommen. Ihre Wahrheit erweisen sie im eigenen Wahrheitsempfinden, denn die Seele *hat* ein Gefühl für die Wahrheit. Sie fühlt sich von unwahren oder bloß spekulativen Beschreibungen gewissermaßen zurückgestoßen, während sie in solchen Beschreibungen, die versuchen, geistige Wirklichkeiten zum Ausdruck zu bringen, diese Wirklichkeiten zu erahnen beginnt... Dies kann auch nicht anders sein, wenn sie diese Wirklichkeiten vor ihrer Inkarnation in einen Erdenleib selbst unmittelbar erlebt hat und sie im Grunde *noch immer* fortwährend erlebt, nur jetzt sehr unbewusst...

Die Schilderungen Rudolf Steiners über das Wesen der Seele, des Geistes, der geistigen Welt und der Widersacher öffnen dem Menschen im Grunde hunderte von Augen für ein tieferes Verständnis – und zugleich vielfache Wege der inneren Übung, Pfade der Läuterung und der Geistesschau für die Seele, die sich auf den Weg zu ihrer wahren Heimat machen will.

Wahrhaft augenöffnend, in immer wieder neuen Aspekten, ist allein schon die Tatsache der Doppelnatur der Widersachermächte. In *zweifacher*, ganz unterschiedlicher Weise wirken diese. Nur die eine Macht will den Menschen *überhaupt* nicht aufwachen lassen, ganz in die Sinneswelt „verbannen", immer weiter in die Sinnensucht hineinziehen, auch in das Maschinelle, das Technische, das Elektronische hineinziehen. Die andere Macht will den Menschen sehr wohl aufwachen lassen und zu sich selbst führen, sogar immer mehr zu sich selbst – aber eben *nur* zu sich selbst. Diese Macht will die Selbstheit des Menschen immer weiter verstärken und ihn auf diese Weise aus dem „Zusammenklang der Geister" herausgelöst halten.

Und dies ist nur *ein* Aspekt der Widersachermächte. Überall offenbaren sie sich als Polaritäten. Man denke nur an die unüberschaubare Vielfalt von Abirrungen im Seelischen: kalte Abstraktheit oder fiebriger Fanatismus; Angst oder Hochmut; Geiz oder Verschwendungssucht; Distanziertheit oder Distanzlosigkeit – und man kann selbst zahllose weitere Beispiele finden. In all diesen Phänomenen wird das *wahrhaft* Menschliche verlassen, zu der einen Seite oder zur anderen...

Hier wird im ganz Konkreten das Wirken der Widersacher erahnbar. Immer sind es Impulse, die vom Menschlichen abführen, die diese Mächte nahelegen. Der Mensch findet diese Möglichkeiten oder sogar Tendenzen in seiner Seele vor – aber er erkennt zunächst nicht die Ursprünge, er weiß nicht, was hier wirksam wird und sein innerstes Seelenwesen fortwährend auf einen bestimmten Weg bringen will...

*

Voll bewusst – immer bewusster – in dieser geistig durchschauten Wirklichkeit stehend, erlebt der Mensch sein wahres Wesen und findet die Realität der Freiheit.

Erst in diesem klaren Sich-Hineingestellt-Fühlen zwischen die Impulse des (Nur-)Irdisch-Sinnlichen, des Selbstischen einerseits und der geistigen Welt, die zugleich die wahrhaft moralische Welt ist, wird sich der Mensch bewusst, was der Mensch ist – und was das Wesen der Freiheit ist. Erst hier, an diesem Punkt, wird es dem Menschen möglich, die Freiheit zu einer inneren *Realität* zu machen. Damit aber beginnt der bewusste Weg seiner Individualität, in viel tieferem als nur dem gewöhnlichen Sinne. An diesem Punkt beginnt der Mensch, sein Schicksal, sein geistiges Werden, voll bewusst in die Hand zu nehmen.

Der ganze Weg, den wir bis jetzt zurückgelegt haben, hatte das Ziel, möglichst voraussetzungslos ein Erahnen oder Erleben zu ermöglichen, dass es sich bei alledem um geistige Realitäten handelt. Niemand soll an das hier angedeutete wesenhafte Geistige „glauben". Und doch kann vielleicht erlebbar geworden sein, dass man erst *mit* konkreten, differenzierten Begriffen über eine solche geistige Welt zur *Wirklichkeit* des Menschen und der *vollen* ihn umgebenden Welt vorzudringen vermag.

Für mich ist es eine sichere Tatsache, dass man ohne einen Begriff vom höheren Ich des Menschen, von den Widersachermächten, von Christus an die Wirklichkeit nicht herankommt. Denn mit und hinter diesen Begriffen beginnt die Wirklichkeit. Ohne Begriffe von dieser Wirklichkeit ist sie nicht erkennbar – und scheint deshalb nicht existent. Doch die wirklichen Begriffe *öffnen* das Tor der Erkenntnis...

Ein Wichtiges muss noch ausgesprochen werden, denn hier drohen noch einmal tiefe Missverständnisse.

Viele Menschen wehren sich gegen solche geistigen Wirklichkeitsbegriffe, weil sie diese noch mit *alten* Begriffen – über die göttliche Welt, die Welt des Moralischen und so weiter – in Verbindung bringen. Früher wurden Vorstellungen vom „Teufel" dazu benutzt, über Menschen *Macht* auszuüben. Das Moralische und auch das Unmoralische, die objektiven Abirrungen, sind eine Realität. Doch über diese reine Realität legten sich die Impulse der Macht und des Urteils, legten sich äußere, von außen vorgegebene Vorstellungen von Moral, von Schuld, Pflicht, Sünde und so weiter. Dies geschah im Umkreis der Kirche, im Namen des Christentums – doch diese Impulse gehören längst zum antichristlichen Reich der Widersacher.

Die frühe Menschheit hatte sicher als Menschheit eine moralische Führung gebraucht – auch die mosaischen Gesetzestafeln, die zehn Gebote, gehören dazu. Das Wesen des Christus jedoch brachte hier eine vollkommene, in der Bewusstseinsgeschichte der Menschheit einzigartige Wandlung – die bis heute nicht wirklich erfasst ist.

Christus brachte das *Gesetz der Freiheit*, die Führung des Geistes. Von nun an ist es jedem Menschen möglich, sich selbst die Führung zu geben, denn die Sehnsucht der Seele zu Christus hin *ist* die Führung... Und jede äußere Macht, die dem Menschen darüber hinaus noch etwas sagen zu müssen meint, stellt sich im Grunde gegen den Christus-Impuls, denn dieser will im *Inneren* wirksam werden.

Dass auch keine Instanz mehr berechtigt ist, äußerlich über einen Menschen zu urteilen – und dass dies auch keine Kirche oder ein Kirchenoberhaupt sein können, die meinen, als „Vertreter Christi auf Erden" zu wirken –, das offenbart Christus selbst in der Begegnung mit der Ehebrecherin. Zu all denen, die über sie urteilen wollen, sagt er: „Wer von euch ohne Sünde ist, der werfe den ersten Stein." Und als sie alle fortgingen, die Alten zuerst, sagt Christus zu der Frau: „Hat dich niemand verurteilt?" Die Frau aber erwidert: „Herr, niemand." Und er antwortet: „Auch ich verurteile dich nicht. Gehe hin und sündige fortan nicht mehr."

Die Realität der Widersachermächte, die den Menschen immer wieder in die Abirrung vom rein Menschlichen führen, soll *erkannt* werden – weil durch die klare Erkenntnis das Wesen des Menschen und die Freiheit gefunden werden können, um immer mehr verwirklicht zu werden... Doch die Erkenntnis dieser Mächte darf nicht dazu dienen, andere Menschen zu *beurteilen* – und sei es auch nur in Gedanken. Jedes Urteil muss immer mehr empfunden werden als ein Sich-über-den-Mitmenschen-Stellen. Und dieses sollte als eine Versuchung der Widersacher, als ein wirkliches Abirren vom Menschlichen empfunden werden...

Diese jahrhundertelange, furchtbare Tradition, andere Menschen moralisch zu beurteilen – mit Maßstäben, die zu tun hatten mit „Geboten", mit „Sünde", mit „Teufel", und mit denen die *Macht* verbunden war, diese Urteile fällen zu können, denen man sich zu beugen hatte –, diese furchtbare Tradition hat in den Menschen eine sehr berechtigte tiefe Abwehr gegen alle Urteile dieser Art entstehen lassen. Diese Abwehr entspringt aus einem tiefen Empfinden, dass der Mensch sich heute *selbst* seine moralische Führung geben muss.

Aus diesem Grunde wenden sich viele Menschen gegen jede Vorstellung von „Widersachern", die den Menschen „in Versuchung führen". Und allzu schnell verbindet man damit auch das Bild eines wehrlosen Hineingestelltseins, erscheint der Mensch als hilfloser Spielball dieser Mächte. Denn die Frage stellt sich: Ist dann alles, was man tut, „gut" oder „böse" – und wiederum sind es Andere, die beurteilend darauf schauen, nur diesmal die göttlichen Wesenheiten selbst? Die unmittelbare, starke Abneigung dagegen, ist sehr verständlich.

*

Es ist für das heutige Bewusstsein eine zutiefst unangenehme, ja sogar erschreckende Vorstellung, dass der Mensch hier seine empfundene *Autonomie* aufgeben muss. Die moderne, gleichsam völlige Freiheit und Beliebigkeit – „alles ist möglich, alles ist erlaubt" – verengt sich auf einmal wieder zu einem schmalen Pfad, links und rechts dessen wir nicht mehr das wahrhaft Menschliche verwirklichen... Wird hier nicht wieder einem neuen Moralismus und moralistischen Rigorismus das Wort geredet?

Doch hierauf können wir nach dem Vorangegangenen eine klare, vollkommen frei lassende Antwort geben. Die reale Existenz einer Sache wird nicht dadurch aufgehoben, dass man sie nicht erkennen möchte. Man muss die Realität des Moralischen nicht anerkennen – es ist dennoch eine Realität. Man muss den tiefsten Begriff des Menschlichen nicht fassen – er ist eine Realität. Jeder ist frei, sie anzuerkennen oder nicht, und jeder muss selbst beurteilen, zu welchen Erkenntnissen er bereit ist und auch, was er tut.

Wenn man diese Realitäten jedoch anerkennen *will*, nicht nur, weil es Realitäten sind, sondern weil ihnen ja gerade die größte innere Sehnsucht gilt, wird man keine Schwierigkeiten haben, anzuerkennen, dass die scheinbare Beliebigkeit menschlichen Handelns *tatsächlich* in jedem Moment zu etwas sehr Konkretem wird. Und es zeigt sich, dass tatsächlich links und rechts sich immer dichteres Gestrüpp, immer modrigere Sümpfe auftun, während nur in der Mitte *zwischen* beidem ein schmaler, sanfter Pfad verläuft, auf dem eine milde Sonne leuchtet...

Das wahrhaft Menschliche ist keine einfache, simple Frage, es ist auch kein Spiel, auch keine Sache, über die man sich „mal eben" einige Gedanken machen kann oder auch nicht – es ist eine Frage allergrößten Ernstes und allergrößter Verantwortung. Diesen Ernst, diese Schwere der Frage kann man empfinden oder auch nicht, das ist in die Freiheit jedes Einzelnen gestellt. Doch die Frage nach dem wahrhaft Menschlichen ist, je ernster man sie nimmt, nun einmal die tiefste aller Fragen. Nimmt man sie zu leicht, nimmt man den Menschen – also sich selbst – zu leicht. Aber dadurch hat man dann auch ein leichtes Leben...

Was hiermit vor allem gesagt sein sollte, ist, dass die *wirkliche* Erkenntnis geistiger Realitäten den Menschen nicht gefangen nimmt, beschränkt und begrenzt, sondern dass hier gerade der Punkt wirklicher *Befreiung* liegt – nicht einer Befreiung in die Beliebigkeit der heutigen Sinneswelt, sondern eine Befreiung hin zum wahren Wesen des Menschen, zum Erwachen für die Wirklichkeit des Geistes.

Wer eine Abneigung gegen die Vorstellung der Widersacher hat, der prüfe zunächst seine eigenen *Vorstellungen* – und sein eigenes Verständnis vom Menschen. Wenn dieses Verständnis nichts ist, was er weiter vertiefen möchte, oder wenn er sich unabänderlich von allem, was hier gesagt wurde, „eingeschränkt" oder „bevormundet" fühlt – dann sei die „Befreiung" von diesen Gedanken ebenfalls in seine Freiheit gestellt.

Das Wissen um das höhere Ich und um die Kräfte, die den Menschen von diesem abhalten wollen, kann den Menschen zu einem klaren, selbst gewählten Weg führen, auf dem er strebt, diesem höheren Ich *entgegenzugehen*, sich immer mehr mit diesem Ich zu verbinden, immer mehr aus seinem wahren eigenen Wesen heraus zu handeln. Zugleich wird der Mensch damit einem *anderen* Wesen entgegengehen, denn dieses ist mit dem wahren Wesen jedes einzelnen, individuellen Menschen innig verbunden, seit es selbst als Mensch durch den Tod ging.

Das wirkliche Ziel eines solchen Weges, den ein Mensch geht, der seiner wahren Heimat, dem Reich des Geistes entgegenstrebt, ist letztlich zugleich jenes Wesen, das das Wesen der Liebe ist. Und das Wesen der Liebe ist so umfassend, dass die Einzigartigkeit jedes einzelnen Menschen dadurch niemals aufgehoben werden kann. Die realen Impulse des Geistes sind so unendlich, dass jeder individuelle Mensch ein einzigartiger Träger der Liebe werden kann... Man kann dieses Wesen suchen, um sich von seinem Wesen durchdringen zu lassen, und man wird sein Ich nicht verlieren, sondern gerade wahrhaft finden. Das Geheimnis dieses Ich und auch das der Liebe kann immer größer und größer gedacht, empfunden, erlebt, gewollt werden...

Das Ziel des hier zweifellos in großer Unvollkommenheit angedeuteten Weges ist diejenige großartige Wirklichkeit, die mit den Begriffen der *Freiheit* und der *Liebe* berührt wird. Es ist die großartige Wirklichkeit des *Menschen*, in seinem wahren Wesen. Diese Wirklichkeit hat nichts zu tun mit irgendeinem Urteil über andere Menschen, nichts mit irgendeinem Zwang, nichts mit irgendeinem Überzeugenwollen.

*

Die guten geistigen Wesenheiten wirken für die Freiheit des Menschen – ihr Ziel ist gerade dasselbe wie das Ziel der wahren menschlichen Sehnsucht... Ohne diese geistige Welt, die wesenhaft ist, voller hoher Wesenheiten ist, gäbe es nicht das Wahre, das Schöne, das Gute, gäbe es keine Wahrheit, keine Schönheit, keine Welt des Moralischen – gäbe es nichts, wofür es sich als *Mensch* zu leben lohnte, gäbe es auch keine Liebe...

Diese geistige Welt ist es nicht, die den Menschen in die Unfreiheit führt, in das Leiden, diese Welt ist nicht die Quelle des Unwahren, der Lüge, des Hässlichen, des Bösen. Der Mensch ist aber in eine

Welt hineingestellt, in der *andere* geistige Wesenheiten ihr Wirkensfeld haben – und durch sie existiert all dies, kann vom Menschen gedacht, gefühlt und sogar gewollt werden.

Die guten Wesenheiten lassen den Menschen *frei* – und das ist der ungeheure Vorsprung der Widersachermächte, die den Menschen nicht frei lassen, sondern unmittelbar auf ihn einwirken, seine Seele fortwährend beeinflussen, wo immer er sich die voll bewusste Freiheit noch nicht errungen hat. Die wahrhaft moralischen Impulse muss der Mensch in Freiheit selbst suchen und in sein Denken und seinen Willen aufnehmen. Will er dies, so kommt ihm die geistige Welt entgegen, kann sie das Streben der Seele stärken und Hilfe bringen, wann immer darum gebeten wird – aber sie lässt frei, sie drängt dem Menschen nichts von sich aus auf...

Mit einem solchen Blick auf die Wirklichkeit, mit einer solchen geist-durchdrungenen Weltanschauung kommen wir nicht zu einem *kleinen* Menschenbild, sondern im Gegenteil, wir finden ein ungeheuer hohes, mutvolles Menschenbild. Es wird dem Menschen etwas zu-gemutet, es wird ihm zugemutet und zugetraut, dass er diesen Weg zur Freiheit und zu seinem wahren Wesen finden kann – dass er sich gegen eine unvorstellbar machtvoll wirkende Welt der Widersachermächte behaupten kann und nicht auf Dauer von seinem Weg abgebracht werden kann, der seiner tiefsten Sehnsucht entspricht...

Was für eine innere Kraft und einen inneren Mut kann einem ein solche geistige Wirklichkeits-Anschauung geben! Was für eine Zuversicht inmitten aller Verzweiflung auch. Die Welt ist dann nicht mehr nur ein Konglomerat von Milliarden Menschen, die sich fortwährend abstrakt um Kleinigkeiten streiten und sich in den größten und wichtigsten Fragen nicht einig werden können. Sondern *in* dieser Welt der Menschen wirken fortwährend Impulse, die weit über den Menschen hinausgehen, die diesen Menschen aber in einer Sphäre halten wollen, die nicht seiner wahren Menschlichkeit entspricht.

All die Unvernunft der Politiker und der Entscheidungsträger in Politik und Wirtschaft, die einem tiefer empfindenden Menschen immer mehr nur noch wie ein absurdes Theater vorkommen kann, all der allzumenschliche Egoismus, alles Geltungsstreben, alle Sucht nach Einfluss und Meinungshoheit, nach abstraktem Diskurs, nach intellektuellen Haarspaltereien – all dies bleibt, was es ist: die äußere Realität; und doch wird es etwas vollkommen anderes als bisher. Es sind Menschen, die hier handeln und agieren, aber was *in* den Seelen wirkt – all diese Impulse, die eben angedeutet wurden –, ist zugleich etwas, hinter dem die Impulse geistiger Wesenheiten stehen, die gerade *dies* wollen: dass diese Impulse in den Seelen wirken und nicht die Impulse des wahrhaft Menschlichen.

Die Impulse, die den einen Menschen vom anderen trennen – und in ihrem Kern ist es immer die Selbstbezogenheit –, sind dann immer noch menschlich-allzumenschlich; aber sie können zugleich erkannt werden als etwas, was andererseits auch über-menschlich ist: etwas, was sich ganz mit der niederen Natur des Menschen verbunden hat, was aber fortwährend angestachelt und genährt wird von Wesenheiten, die weit mächtiger sind als der Mensch – solange sie unerkannt sind...

Wann immer wir gegen das wahrhaft Menschliche handeln, handeln wir gegen unsere tiefste Sehnsucht. Wir sind noch überhaupt nicht diejenigen, die wir im tiefsten Inneren sein wollen. Die selbstbezogenen Impulse, die uns daran hindern, sind aber keine abstrakten Fakten, es sind Realitäten. Doch wie kann überhaupt etwas die tiefste Sehnsucht verhindern? Dies ist nur möglich, wenn in der Seele zwei Impulse wirken, wenn die Seele selbst zweigeteilt ist, wenn durch die Seele ein unsichtbarer, geheimer Abgrund hindurchgeht.

Die Sehnsucht nach dem Guten lebt in dem reinen Teil der Seele... Doch auch der andere Teil ist nicht an sich böse, aber er ist dem Wirken der Widersachermächte zunächst mehr oder weniger ausgeliefert. Das ist die Situation der menschlichen Seele. Dies ist die Ausgangssituation eines unsichtbaren Kampfes, dessen Ausgang völlig ungewiss ist – und der ganz davon abhängt, wie bewusst und wie stark die Sehnsucht erwachen kann, wie stark der reine Teil der Seele sich erheben kann, um sein Wesen zu offenbaren, immer mehr...

*

Die ganze äußere, vom Menschen gestaltete Wirklichkeit ist ein Spiegel der menschlichen Seele. Es waren Menschen, die die heutigen Verhältnisse gestaltet haben; es sind Menschen, die sie immer weiter gestalten. Das heutige Wirtschaftssystem, das Bildungswesen, die Architektur, Stadtplanung, die Medienwelt, die Computerspiele, die zunehmende Grausamkeit in der Literatur- und Filmwelt. Wo auch immer wir hinsehen, sehen wir auf Taten und Folgen von Taten von Menschen. An all diesen Gegebenheiten ist die Entwicklung des menschlichen Bewusstseins und Seelenerlebens unmittelbar zu erleben.

Das menschliche Bewusstsein und Seelenleben wird immer ärmer und abstrakter. Die immer ärmer und abstrakter, immer unmenschlicher und grausamer werdende Wirklichkeit ist unmittelbar die Folge derjenigen Prozesse, in denen sich das menschliche Bewusstsein und die menschliche Seele befinden. Diese Prozesse haben Ursachen, hinter ihnen stehen wirkende, verursachende Impulse. An sich sind diese Prozesse unerklärlich; der Begriff der „Selbstentfremdung" der Soziologie erklärt zum Beispiel in tieferem Sinne nicht das Geringste, er *beschreibt* etwas, kann aber niemals erklären, wie es zu der immer weiter fortschreitenden Entwicklung überhaupt kommt. Hinter diesen Prozessen stehen aber geistige Wesenheiten, die sie impulsieren, weil sie *wollen*, dass mit dem menschlichen Bewusstsein und der menschlichen Seele dies geschieht, was den Menschen immer weiter von seinem wahren Wesen forttreibt.

Und wenn man dies erlebt – dass überall in unserer Welt der Impuls der Unmenschlichkeit wirksam ist und sich entfaltet, die äußeren Umstände prägt, sich ausbreitet, auf immer weitere Bereiche übergreift –, dann kann dies einen einerseits bedrücken und verzweifeln lassen, aber das täte es ohnehin. Doch es kann einem nun auch Mut geben, denn man vermag endlich zu durchschauen, *warum* dies geschieht und *was* dahinter wirkt.

Es ist nicht mehr eine vollkommen irrationale Gesamtsumme der Handlungen von so-und-so-vielen unmenschlich handelnden Menschen, die sowieso immer mächtiger sein werden als man selbst – sondern es sind zugleich Mächte, die in den Seelen wirken, so dass die Menschen im Sinne dieser Mächte handeln, und natürlich auch in ihrem eigenen „Interesse", denn diese Mächte verstärken gerade fortwährend die Selbstbezogenheit und vermindern die Fähigkeiten des Mitfühlens, der Liebe, die weit über alle Blutsbande hinausreichen könnte...

Die Seele des Menschen ist gespalten, sie lebt mit zwei Impulsen. Ihre tiefste Sehnsucht gilt dem Guten, dem Schönen, dem Wahren. Der reine Teil der Seele, in dem diese Sehnsucht lebt, kann nie völlig sterben, er lebt immer, er erhebt seine Stimme immer, doch manchmal ist sie so leise, dass sie nicht mehr zu hören ist. Wenn man aber selbst in seine Seele hinabsteigt, um seine tiefste Sehnsucht zu suchen, zu *retten*, wird man sie immer finden, immer...

Mit dieser tiefsten Sehnsucht ist die gesamte göttliche Welt der guten Wesenheiten verbunden. Mit dem reinen Teil der Seele ist jenes höchste Wesen verbunden, das selbst das Wesen der Liebe *ist*. Dieses Wesen und diese ganze Welt, sie sind einem viel, viel näher, als man es je glauben würde. Und wenn man Mut und Hilfe braucht, um seiner tiefsten Sehnsucht zu folgen, und wenn man darum bittet, wird diese Welt der guten Mächte immer helfen... Wenn es darum geht, dass ein wahrer *Mensch* aufzustehen beginnt, dann steht die gesamte Welt der guten Mächte hinter ihm!

Über diese tiefste Sehnsucht hat sich jedoch ein ganzes Gebirge gelagert, das in seiner Gesamtheit nicht zu dem reinen Teil der Seele gehört – sondern zu dem großen, sehr großen Teil der Seele, der mehr oder weniger dem Wirken der Widersacher ausgesetzt ist. Vielleicht kann er eines Tages auch rein werden und dem reinsten Teil der Seele folgen. Jetzt aber tut er es nicht, sondern er folgt dem, was die Gegenmächte wollen – und sei es, dass das Gute oder Wahre zumindest abgeschwächt wird, so stark wie möglich. Alles, was dazu dient, dem wahrhaft Menschlichen *nicht* wahrhaft zu folgen, die wahrhaft menschliche Sehnsucht immer wieder zu übertönen und in die Tiefe zu stoßen, ist den Gegenmächten recht und wird von ihnen impulsiert, angeregt, nahegelegt. Und wenn die Seele nicht voll bewusst ihr eigenes Schicksal ergreift und Herr im eigenen Hause ist, handelt sie immer wieder im Sinne der Widersachermächte. Diese machen es ihr leicht, in ihrem Sinne zu handeln, so leicht...

Warum kann diese Erkenntnis, dass der Mensch nicht allein ist, sondern geradezu zutiefst beeinflusst von einer Welt realer Wesenheiten, dennoch gerade Mut und Hoffnung geben?

Sie kann es, weil diese Wirklichkeits-Erkenntnis die Gewissheit gibt, dass der Mensch nicht für immer ein gespaltenes Wesen, ein Spielball der allein nur in ihm lebenden Impulse von „Gut" und „Böse" sein muss, wobei das „Gute" immer zu schwach bleiben wird – sondern dass der Mensch die Fähigkeit hat, frei zu werden und seiner wahren Sehnsucht zu folgen, ja, dass er zur Freiheit geradezu *berufen* ist und dass er, wenn er diese Freiheit findet, auch alle Macht der Welt hat, seine tiefste Sehnsucht zu verwirklichen und das Wunder wahrzumachen: das reale *Gute* in seinen Willen aufzunehmen und ein Träger der Liebe zu werden, in tiefstem Sinne *Mensch* zu werden...

Und es kann auch unendlichen Mut geben, zu empfinden, wie sehr das Handeln *jedes* einzelnen Menschen wirklich tiefste Bedeutung hat. Ganz unabhängig von der Frage, ob ein Einzelner es gegen Saat-Multis, Rüstungskonzerne oder Staatschefs aufnehmen kann, gewinnt die Seele jedes einzelnen Menschen in der hier angedeuteten vollen Wirklichkeit die tiefste Bedeutung. Denn diese volle Wirklichkeit umfasst nicht nur die äußere Sinnenwelt, sie umfasst gerade auch die Seelenwelt und die Geisteswelt. Wenn eine einzelne Seele nach dem Wahren, Schönen und Guten strebt – mit Kraft und Entschlossenheit, mit dem wirklichen und immer mehr wachsenden Willen zum Guten –, dann entscheidet sich in dieser Seele ein allergrößter Kampf. Die Welt der Widersachermächte verliert an diesem Punkt eine Seele, einen Menschen – und die Welt der guten geistigen Wesen gewinnt einen unendlich wertvollen Mitstreiter, einen *Menschen*...

Es ist nicht in Worte zu fassen, was an einem solchen Punkt geschieht. Die Widersachermächte erleiden eine Niederlage, und die Welt der guten Mächte gewinnt an Kraft – man kann sich dies einfach nicht bedeutsam genug denken! Man muss *fühlen*, dass dies von unendlicher Bedeutung ist, und zwar letztlich auch im Großen...

Wie ungeheuer bedeutsam die Widersachermächte eine solche drohende Tatsache nehmen, zeigt sich daran, dass der Mensch, der innerlich strebend auf diesem Wege ist, sehr oft ungeheuren Widerständen begegnen wird – innerlich und auch äußerlich. Wenn aber die Widersacher selbst um jeden Preis verhindern wollen, dass sie auch nur *eine* Seele verlieren, kann es eigentlich keinen stärkeren Beweis dafür geben, welche Bedeutung diese Tatsache hat, welche Bedeutung jeder einzelne, individuelle Mensch und sein inneres Streben haben...

Und schließlich kann es unendlichen Mut geben, wenn man dasjenige erlebt, was Rudolf Steiner an Erkenntnissen dieser Geisteswelt geben konnte. Wenn man wirklich konkret das Wesen solcher guten höheren Wesenheiten zu erleben versucht, wie das des Erzengels Michael, von dem Rudolf Steiner sagt, dass dieser heute der führende Zeitgeist im guten Sinne ist.

Michael, der in der christlichen Kunst seit Jahrhunderten als der Besieger des Drachen dargestellt wurde, ist im Geistigen gewissermaßen der Träger der *Kraft des Mutes* schlechthin. Er ist aber zugleich ein tiefstes Vorbild der Selbstlosigkeit – denn seit Ewigkeiten dient er mit all seiner Kraft der geistigen Welt und dem Christus-Wesen. Mut und kraftvolle, kämpferische Selbstlosigkeit – in dem Erzengel und führenden Zeitgeist Michael werden diese wunderbaren Fähigkeiten in einem klaren, leuchtenden Bild sichtbar. Indem die Seele zu einem solchen inneren, geistigen Bild aufblickt, kann sie diese Kräfte auch in sich selbst finden, wachrufen. Kräftige Selbstlosigkeit; kräftigen Mut, das Wahre, Schöne und Gute zu behüten und niemals durch die Drachenkräfte besiegen zu lassen...

Michael ist aber auch der Hüter der kosmischen Intelligenz gewesen – bis der Mensch mehr und mehr die Aufgabe bekam, *selbst* zu denken und aus Freiheit den Weg zurück zu den geistigen Welten zu finden. Auch diese Erkenntnis kann für den Menschen ein allergrößter Aufruf werden. Auch dies müsste durch alles, was Rudolf Steiner darüber zu schildern vermochte, noch wesentlich weiter vertieft werden. Hier kann ich nur dazu aufrufen, dies zu tun...

Mit dem Weg, der uns bis zu diesem Punkt geführt hat, haben wir versucht, die ersten Schritte zu tun, unser Denken wieder zu jener Höhe zu erheben, wo wir das wahre Wesen des Denkens, das Wesen des Menschen und die Realität der geistigen Welt anfänglich erleben oder zumindest erahnen können. Von hier aus muss der Weg dann weiter gegangen werden, immer weiter...

Erkennen wir also die volle Wirklichkeit, die über den äußeren Sinnesschein weit hinausgeht – und erkennen wir unsere tiefste Sehnsucht! Streben wir danach, immer tiefer zu erkennen, was das wahre Wesen des Menschen ist. Und machen wir uns mit starkem Mut und reiner Demut auf den Weg, unserer tiefsten Sehnsucht, die mit diesem wahren Wesen verbunden ist, so kräftig wie möglich zu folgen...

*

Jeder Versuch, das im tiefsten Sinne Wesentliche zum Ausdruck zu bringen und erlebbar zu machen, kann nur ganz unvollkommen sein. Vieles, vieles ist noch gar nicht gesagt worden und hätte vielleicht noch gesagt werden müssen. Und doch sind das Wichtigste immer die Anfänge. Mögen diese Anfänge den Leser und die Leserin auf ihrem eigenen Weg weiterführen!

Ich möchte am Ende dieses Buches den Fuchs aus dem „Kleinen Prinzen" sprechen lassen:

„...Wenn du mich zähmst, wird mein Leben wie durchsonnt sein. Ich werde den Klang deines Schrittes kennen, der sich von allen anderen unterscheidet. Die anderen Schritte jagen mich unter die Erde. Der deine wird mich wie Musik aus dem Bau locken. Und dann schau! Du siehst da drüben die Weizenfelder? Ich esse kein Brot. Für mich ist Weizen zwecklos. Die Weizenfelder erinnern mich an nichts. Und das ist traurig. Aber du hast weizenblondes Haar. Oh, es wird wunderbar sein, wenn du mich einmal gezähmt hast! Das Gold der Weizenfelder wird mich an dich erinnern. Und ich werde das Rauschen des Windes im Getreide lieb gewinnen."

Wenn die Menschen das Geheimnis der Liebe kennen würden, das aus diesen Worten spricht – und wenn sie mit *dieser* Liebe mehr und mehr *alles* umfassen könnten, was sie im Großen wie im Kleinsten als zu entdeckendes Wunder umgibt, in jedem einzelnen Menschen, in jeder kleinsten Blume – dann könnte geschehen, woran jetzt noch kein Mensch zu denken wagt.

Nur um dieses eine Geheimnis geht es, in allem...